올바름을 찾아가는 슬기로운 생활

이종란 지음

㈜자음과모음

책머리에

자기 안의 착한 본성을 일깨운 주자의 성리학

주희(朱熹, 1130~1200)는 중국 남송 때의 학자로 우리에게는 주자(朱子)라는 이름으로 더 잘 알려진 인물입니다. 주자는 앞선 학자들의 유학 사상을 이어받아 공자나 맹자의 유학을 새롭게 완성했는데, 이를 가리켜 주자학이라 합니다.

우리나라와 중국, 일본에서 주자만큼 후세에 영향을 많이 끼친 학자는 드뭅니다. 특히 주자학은 고려 말 안향(安珦)에 의해 전파된 후, 조선시대 후반까지 국가의 통치 이념으로 자리해 왔습니다. 주자학과 그것을 따르는 여러 유학자들의 학문을 보통 성리학(性理學)이라 부릅니다. 조선시대의 선비들은 모두 성리학을 공부했으며, 1000원짜리와 5000원짜리

지폐에 그려진 퇴계 선생과 율곡 선생도 성리학자입니다.

오늘날 우리는 왜 과거의 학문인 성리학을 알아야 할까요? 지금까지도 우리의 생각이나 생활습관 속에 많은 영향을 끼치고 있기 때문입니다. 예를 들어 우리가 '예의바르다'라고 생각하는 행동은 거의 주자의 사상과 관계된 것입니다. 부모에 대한 효도와 형제간의 우애 같은 가르침이 그러한 것이지요. 또한 제사 의식, 전통 혼례, 장례 의식의 절차에는 성리학 사상에 기초한 의미가 담겨 있습니다. 따라서 우리의 문화를 제대로 이해하기 위해서는 성리학을 알아야 합니다. 그것은 올바른 사회생활을 위해 거쳐야 할 하나의 관문이라 할 수 있습니다.

성리학에서는 죽은 다음에 극락이나 천국에 가는 것에 대해 말하지 않습니다. 오직 지금 살고 있는 현실 세상을 살기 좋은 곳으로 만들기 위해 노력해야 한다고 주장합니다. 그러려면 각자 스스로 하늘의 이치를 깨닫고 인간의 도리를 다해야 한다고 가르칩니다.

하늘의 이치를 '천리(天理)' 또는 그냥 '리(理)'라고 합니다. 그 비슷한 개념으로는 '태극(太極)'이라는 게 있습니다. '태극기' 할 때 바로 그 태극입니다. 모두 인간이 따라야 하는 영원불변하는 진리라고 할 수 있습니다.

주자는 인간과 만물 안에 천리가 있다고 말했습니다. 인간이 천리를 지니고 있다는 것은 선한 성품을 타고난다는 뜻입니다. 하지만 세상에는 나쁜 짓을 저지르는 사람이 많습니다. 그런 사람은 천리를 잃어버린 걸까요?

그렇지 않습니다. 천리는 사라지거나 변하지 않습니다. 다만 어떤 것에 의해 가려져 있을 뿐입니다. 주자는 그것을 기(氣) 또는 기질이라고 표현했습니다. 이것이 인간의 감정이나 욕구에 과도하게 작용하면 성품을 혼탁하게 만들고 선한 성품을 덮어 버리는 것입니다. 즉 사람이 나쁜 행동을 저지르는 것은 기의 작용으로 천리가 발휘되지 못한 탓입니다.

주자학에서는 아무리 나쁜 사람이라도 잘못을 뉘우치고 자신의 본성을 되찾기 위해 공부한다면 선한 본성을 찾을 수 있다고 했습니다. 이때의 공부란 바로 자기 안의 천리를 깨닫고 그것이 잘 발휘되도록 꾸준히 노력하는 것을 말합니다. 우리가 훌륭한 인물로 평가하는 사람들은 대체로 이러한 공부를 했다고 볼 수 있습니다.

그렇다면 오늘날 우리는 성리학의 관점에서 어떻게 공부해야 할까요?

이 책의 주인공인 주민수, 주유수 형제의 이야기를 따라가다 보면 그 답을 찾을 수 있을 것입니다. 말썽 많은 문제아였던 두 형제는 지리산 산골의 친척 집으로 보내집니다. 학교도 학원도 없는 그곳에서 두 소년은 주자의 말씀을 배우고 농사일을 돕습니다. 자연 속에서 살면서 자연의 이치를 배우고 삶의 지혜를 스스로 깨닫는 생활을 한 것입니다. 그리고 시골 생활을 마치고 서울로 돌아왔을 때 형제는 완전히 새사람이 되었습니다.

문제아였던 그들이 어떻게 천리를 깨닫고 새로운 모습으로 거듭나게 되었는지 한번 들여다보기로 하죠!

이종란

차례

책머리에
자기 안의 착한 본성을 일깨운 주자의 성리학 04

프롤로그
말썽꾸러기 형제, 귀양 가다 17

1
주자를 모르는 주자의 후손들

나는 문제아입니다 23
형도 문제아입니다 30
산골로 귀양을 간 형제 37
내 머릿속에 주자의 생각이 들어 있다고? 47

철학자의 생각 53
즐거운 독서 퀴즈 56

2 세상 만물의 이치를 배우다

형제를 사랑하는 게 하늘의 이치라고? 61
천리를 이해한 민수 형 67
고사리를 꺾어야 하는 괴로움 79
어머니의 깜짝 등장 86

철학자의 생각 97
즐거운 독서 퀴즈 101

3

가족의 행복이란 무엇일까?

인의예지는 사람다움이다 107
내 안에 숨겨진 착한 본성 118
이해할 수 없는 부모님의 마음 126
민수 형, 주자의 학문에 빠져들다 131

철학자의 생각 136
즐거운 독서 퀴즈 139

4

돌아온 탕아

천리는 언제나 어려워 **145**
3년간의 산골 생활을 끝내다 **151**
우리가 되찾은 본성 **158**

철학자의 생각 **169**
즐거운 독서 퀴즈 **172**

에필로그
내게는 주자와 같은 스승이 계시다 **174**
네 생각은 어때? 문제 풀이 **178**

등장인물

유수

톡하면 친구에게 주먹질을 하는 말썽꾸러기 초등학교 5학년. 어려서 어머니가 집을 나간 뒤로 아버지와 형과 살고 있다. 친구들에게 따돌림을 당하는 등 우울한 나날을 보내던 중 아버지의 결정으로 지리산 산골 친척집에 보내진다. 처음에는 전기도 들어오지 않는 산골 생활이 따분하고 불편했지만, 농사일을 돕고 친척 아저씨에게 고전을 배우면서부터 본래의 밝고 착한 성품을 되찾는다. 곡식을 심어 가꾸고 산에 올라가 나물을 따고 동물을 보살피는 체험을 통해 자연스럽게 만물의 이치를 깨달아 간다. 3년간의 산골 생활을 마친 후 서울로 올라온 뒤로는 바르고 성실한 학생이 된다. 훗날 자신의 따뜻한 성품에 맞는 사회복지사가 되어 보람 있는 삶을 꾸려 간다.

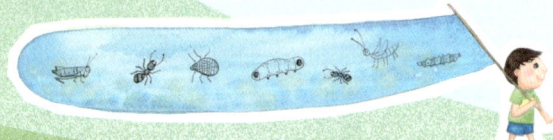

민수

유수보다 두 살 많은 형으로, 불량한 형들과 어울려 사고를 치고 다니는 문제아다. 남의 물건이나 돈을 훔치다가 잡혀 보호소와 소년원까지 다녀 온 뒤로는 학교 가기를 거부하고 피시방에서 살다시피 했다. 보다 못한 아버지의 손에 끌려 내려간 산골에서 일하면서 공부하는 새로운 생활을 하게 된다. 어느 날 갑자기 어머니가 찾아와 아버지와 이혼하겠다고 하자, 민수는 하늘이 맺어 준 가족의 인연을 저버리려는 어머니를 이해할 수 없어 고민에 빠진다. 그러나 주자의 성리학을 비롯한 여러 학문을 두루 공부한 끝에 부모의 마음을 헤아릴 줄 아는 속 깊은 소년이 된다. 서울로 올라와서는 독학으로 일류 대학에 진학했으며, 훗날 역사를 가르치는 교사가 된다.

친척 아저씨

지리산 두메산골에 살며 농사와 고전 공부를 하는 친척 어르신. 이 땅에 정착한 주희의 후손으로, 대대손손 주자학의 전통을 이어 받았다. 두 아들을 학교에 보내는 대신 집에서 직접 글공부를 가르쳐 큰아들을 일류 대학에 진학시켰다. 말썽 많은 형제에게 주자의 말씀을 가르친다. 또한 밭일과 산나물 캐기 등의 노동을 통해 자연의 이치를 깨우치고 사람의 도리를 스스로 터득하도록 인도한다. 두 형제에게는 주자만큼이나 위대한 스승이다.

동아시아 유학 사상의 큰 스승
주자(朱子)

중국 남송 시대에 활동한 유학자로, 본명은 주희(朱熹)다. '주자'란 주씨 성을 가진 위대한 스승이라는 뜻으로, 후대에 그를 드높인 존칭이다. 어려서부터 유교 경전을 읽고 공자를 존경했다. 젊었을 때 잠시 관직 생활을 한 적이 있으나 거의 평생토록 독서와 사색, 강론과 토론을 통해 자신의 학문을 완성해 갔다.

주자의 가장 큰 업적은 북송(北宋)의 유학자들이 펼친 철학적 관점을 종합하고 자신의 독창적 생각을 부여하여 성리학을 완성한 일이다. 그리하여 『대학』 『논어』 『맹자』 『중용』의 사서를 비롯한 여러 경전을 자신의 관점에서 재해석하였고, 이후 그가 해석한 책은 동아시아의 필수 교양서가 되었으며, 조선시대에는 과거 시험을 준비하는 선비들의 교과서가 되었다. '하늘로부터 부여받은 인간의 본성은 본래 선하며, 그러한 본성을 회복하기 위해 이치를 탐구하고 몸을 닦아야 한다'는 것이 성리학의 핵심 사상이다.

프롤로그

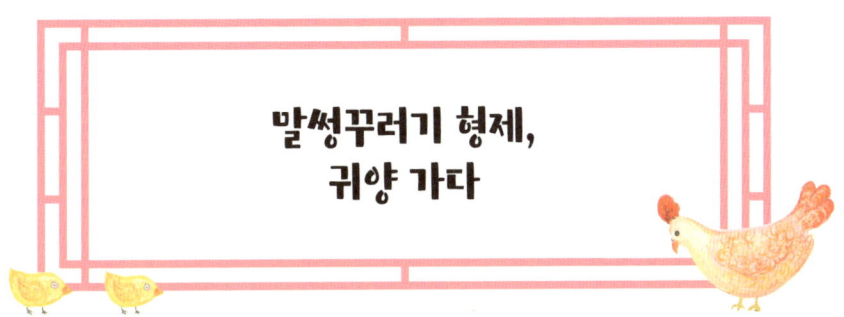

말썽꾸러기 형제,
귀양 가다

    내 이름은 주유수. 아이들은 흔히 나를 '주유소'라고 부른다. 하지만 나를 뭐라고 부르든 신경 쓰지 않는다.
    우리 가족은 아빠와 나와 형, 이렇게 세 식구가 전부다. 엄마는 내가 어렸을 때 집을 나가셨다. 한때 아빠가 술을 많이 드시고 집안을 돌보지 않아서 집을 나가셨다고 한다. 그 후로 아빠는 술을 입에 대지 않으신다.
    우리는 다세대 빌라의 지하 셋방에 살고 있다. 아빠가 영업용 택시를 운전하시기 때문에 나와 형은 집 안에서 지내는 시간이 많다. 나는 초등학교 5학년, 형은 중학교 1학년이지만 우리 둘은 못하는 게 없다. 밥도 짓고 빨래도 하고 설거지도 한다. 그리고 말다툼도 잘한다.

우리가 제일 잘하는 건 싸움인데, 동네 애들하고 싸우면 절대로 지지 않는다. 같은 반 친구를 때려서 그 친구의 부모님한테 혼난 적도 한두 번이 아니다. 그럴 때마다 담임선생님은 아빠를 모셔 오라고 하지만 아빠는 바빠서 학교에 오기 힘들다. 학교에 오실 때면 맞은 아이의 치료비를 물어내고 돌아가시기 바쁘다. 물론 밤늦게 집에 돌아오시면 우리에게 따끔한 벌을 내리시곤 한다.

아, 우리가 잘하는 게 또 있다. 컴퓨터 게임! 우리는 돈만 생기면 피시방으로 간다. 그게 우리의 유일한 즐거움이다. 돈이 모자라면 아빠의 호주머니에서 몰래 꺼내 쓰기도 한다. 그러다가 들키면 또 혼이 나지만 게임의 재미를 생각하면 그 정도는 참을 수 있다. 쉿! 이건 비밀인데 우리 형은 담배를 피운 적도 있다. 나도 한 모금 빨아 봤지만 목이 따끔거리고 머리가 띵해서 그만두었다.

우리 동네 사람들은 모두 우리 형제를 좋아하지 않는다. 우리에게 관심도 없으면서 왜 학원에 다니지 않느냐고 묻지 말아 줬으면 좋겠다. 아빠가 보내 주셔도 잘 다닐 것 같지는 않지만, 사실 우리 형편에 학원까지 다니는 것은 무리다. 아빠는 늘 이렇게 말하신다.

"원래 공부 못하는 애들이나 학원에 다니는 거야."

그래서 우리는 학교에서 돌아오면 늘 따분하다. 어른들은 빈둥대지 말고 책을 읽거나 공부를 하라고 충고하는데, 그게 마음대로 되면 얼마나 좋겠는가. 책만 펴면 졸음이 몰려와서 공부를 할 수가 없다.

아빠는 이런 우리를 지리산 마을로 '귀양' 보내기로 결정하셨다. 요즘 세상에 웬 귀양이냐고 하겠지만, 아빠는 말썽 많은 우리 형제를 시골에 사는 친척 아저씨 집에 당분간 맡기기로 하신 것이다.

야호! 이제 우리는 학교에 가지 않아도 된다! 신난다! 그런데 시골에서는 뭘 하고 놀지?

젊었을 때 열심히 배우지 않으면
늙어서 후회한다.
―주자

1
주자를 모르는 주자의 후손들

"내일부터 아침 일찍 일어나 마당을 깨끗이 쓸고,
밭에 가서 일해야 한다.
그리고 나에게 한문을 배워야 한다."
소문난 말썽꾸러기였던 우리 형제,
타임머신을 타고 조선시대로 돌아간 것일까?
아버지 손에 끌려 내려온 이곳은
전깃불도 안 들어오는 지리산 산골.
이제 꼼짝없이 농사짓고 한문 공부를 하게 되었구나.

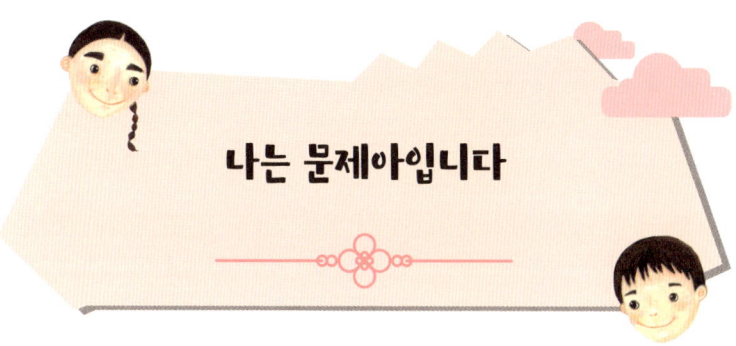

나는 문제아입니다

"무슨 애가 이 모양이야? 우리 애 얼굴에 시퍼렇게 멍든 거 보이니? 도대체 왜 때린 거니?"

호영이 어머니가 짜증스런 목소리로 야단을 쳤다.

"얘, 너희 엄마 좀 모셔 와라. 도대체 아이 교육을 어떻게 시켰기에 이 모양이야!"

"엄마 없는데요."

"뭐라고?"

"유수는 어머니가 안 계세요."

담임선생님이 옆에서 거들자 호영이 어머니가 말했다.

"알 만하다. 도망갔겠지. 너 같은 애를 보고 무슨 희망을 갖고 살겠니? 나 같아도 도망갔겠다. 그럼 아버지라도 모시고 와."

집 나간 어머니 이야기를 하니 욱 하는 마음이 일어나 욕이 튀어 나오려 했지만, 간신히 참고 겨우 말했다.

"저, 우리 아버지……."

"얘, 말 좀 똑바로 할 수 없니? 아버지가 어떻다고?"

"우리 아버지 학교에 안 오세요. 아니, 아버지께 죽어도 말 못해요."

나는 기어 들어가는 목소리로 겨우 말했다.

"그렇게 말한다고 이번에도 그냥 넘어갈 것 같아?"

호영이 어머니는 담임선생님을 향해 몸을 돌리더니 단호한 말투로 말했다.

"선생님, 저번에는 눈 감아 줬지만 이번엔 가만히 못 있겠어요. 쟤 말하는 것 좀 보세요. 아버지한테 말 못 하겠다잖아요. 핸드폰 번호를 알려 주세요. 제가 직접 전화해서 좀 따져야겠어요."

하지만 그날도 그다음 날도 호영이 어머니는 우리 아버지와 통화할 수 없었다.

사실 아주머니에게 야단맞는 건 별로 무섭지 않았다. 담임선생님의 꾸중도 그때만 참으면 된다. 하지만 아버지는 달랐다. 우리 형제가 잘못을 했을 때 아버지가 호통을 치시면 엄청 무섭다. 우리에게 가장 무서운 사람은 아버지였다.

택시 운전을 하는 아버지는 밤늦게 집에 들어오신다. 쉬는 날에도 다른 아저씨들하고 운동을 하느라 거의 집을 비우시고, 어쩌다 집에 계시는 날이면 핸드폰을 꺼 놓고 주무신다. 따라서 호영이 어머니가 우리 아버지와 통화하기는 쉽지 않을 것이다. 나는 그 점을 노리고 있었다.

호영이 어머니는 포기하지 않았다. 끈질기게 전화를 걸어서 마침내 아버지와 통화를 했고, 앞뒤 사정을 알게 된 아버지는 호영이 어머니에게 치료비를 물어 줄 수밖에 없었다. 그리고 나는 한 시간 동안 아버지에게 호된 꾸지람을 들어야 했다.

내가 호영이를 괴롭히고 때린 데에는 그럴 만한 이유가 있었다. 그 애가 나를 무시하고 따돌렸기 때문이다. 누군가 돈이나 물건을 잃어버리면 호영이는 내가 훔쳤을 거라는 소문을 퍼뜨리고 다녔다. 게다가 내 옷이 싸구려라는 등 우리 집이 가난하다는 등 무시했다.

호영이네 아버지는 사업으로 큰돈을 번 부자였다. 넓은

아파트와 외제 승용차는 물론, 집에 없는 게 없었다. 호영이의 생일에는 반 친구들을 큰 식당에 초대해서 맛있는 음식을 실컷 먹여 주고 선물까지 나눠 주었다. 물론 나는 한 번도 초대받지 못했지만 말이다.

호영이네가 부자여서 아이들이 호영이를 따르는 것만은 아니다. 호영이는 얼굴이 작고 피부가 뽀얀 데다가 공부도 잘했다. 게다가 나를 뺀 모든 아이들에게 상냥하게 대했다. 워낙 인기가 좋아서 어린이회장으로 뽑히기도 했다.

그런 호영이에 비해 나는 볼품이 없다. 나는 얼굴도 잘생긴 편이 아니고, 툭하면 아이들에게 시비를 걸거나 욕을 해 대기 때문이다. 항상 똑같은 청바지에 똑같은 티셔츠를 입고 다니니까 지저분한 아이로 취급받곤 한다. 아버지한테 혼이 나면 용돈도 못 받기 때문에 아이들이 간식을 사 먹을 때 끼어들어 얻어먹곤 한다. 그래서 아이들은 뭔가를 사 먹을 때 내가 나타나면 슬슬 피해 버리곤 한다.

내가 생각하기에 호영이가 인기가 좋은 이유는 부자 아빠를 만났기 때문이다. 호영이가 공부를 잘하는 것도 과외랑 학원을 다니는 덕분이라고 생각한다. 나도 부잣집에서 태어났다면 호영이보다 더 인기가 있었을 것이다. 호영이를 따르는 아이들도 줏대가 없는 녀석들이다. 나중에 커서 돈을 많이 벌면 그런 줏대 없는 사람들의 코를 납작하게 만들어 줄 작정이다.

그런 내게도 친구가 한 명 있다. 나를 피하지 않고 상대해 주는 친구가 있어서 그나마 학교에 다닐 수 있다. 성은 노, 이름은 기수라는 아이인데, 아이들이 그 애한테 '노가리'라고 부를 때면 내가 달려가 쫓아 주곤 한다.

기수에게는 아버지가 없다. 공사장에서 일을 하던 기수의 아버지는 몇 년 전 뺑소니차에 치여 돌아가셨다고 한다. 그래서 기수는 어머니와 단둘이 어렵게 살아가고 있다. 기수의 어머니는 포장마차 장사를 하시는데 라면이나 떡볶이, 어묵 등을 파신다.

아이들은 나를 좋아하지 않는 것처럼 기수하고도 친하게 지내려 하지 않는다. 기수는 성격이 활달하지 못해 아이들과 잘 어울리지 못하기 때문이다. 옷차림도 나처럼 후줄근하고 아이들에게 간식거리를 사 주지도 못한다. 나나 기수는 생일날 친구들을 초대하는 일도 없고 친구들에게 초대받는 일도 없다. 학원을 못 다니니까 학원 친구조차 없다.

기수와 내가 친해지게 된 계기가 있다. 어느 날 아이들이

기수를 놀려 대고 있었다.

"노가리 노가리 노기수, 노기수는 유수 사촌."

"뭐라고, 유수 사촌?"

나는 그 말을 듣고 버럭 화를 내며 달려갔다. 그러자 아이들은 잽싸게 멀리 달아났다.

"또 한 번 기수 놀리면 가만 안 둬!"

그다음 날, 길을 가는데 누가 나를 부르는 소리가 들렸다. 돌아보니 기수가 포장마차에서 떡볶이를 먹고 있었다.

'녀석, 의리는 있군. 혼자 먹지 않고 나를 부르다니.'

이렇게 생각하면서 다가가자 주인아주머니가 말했다.

"네가 유수니? 참 씩씩하고 남자답게 생겼구나. 난 기수 엄마야. 네가 어제 우리 기수를 도와주었다지? 참 착하구나. 자, 이거 먹고 우리 기수랑 잘 지내라."

그러면서 떡볶이 한 접시를 주시는 것이 아닌가! 아주머니는 웃으면서 이렇게 말하셨다.

"엄마가 안 계신다고 했지? 이제 나를 엄마처럼 생각하고 배고프면 자주 놀러 와."

세상에, 이렇게 감사할 수가! 비록 친어머니는 아니지만 그날 이후 내게도 어머니 같은 분이 생겼고, 또 떡볶이도 공짜로 얻어먹을 수 있게 되었다. 기수와 나는 더욱 친해졌고, 우리는 참새가 방앗간 드나들듯 기수 어머니의 포장마차를 뻔질나게 찾곤 했다.

　내게 힘을 주는 사람이 한 명 더 있다. 바로 같은 반 친구인 수정이라는 아이다. 수정이는 아이들과 몰려다니지도 않았고, 줏대 없이 여기 붙었다 저기 붙었다 하지도 않는다. 다른 아이들의 생일 파티에 가지도 않고 다른 아이들을 초대하지도 않는다. 다른 아이들은 잘난 척한다고 놀릴까 봐 수업 시간에 발표를 하지 않으려고 하지만, 수정이는 남의 눈치를 보지 않고 딱 부러지게 발표를 한다. 그렇다고 잘난 척도 하지 않는다. 아이들이 수군대거나 비아냥거려도 무시해 버릴 뿐 발끈하는 일이 없다. 쉬는 시간에도 조용히 책을 읽는 수정이를 보면 기분이 좋아진다.

　내가 학교에 가는 이유는 오로지 수정이를 볼 수 있고, 수업이 끝나면 기수와 함께 포장마차에 들러 떡볶이를 얻어먹을 수 있기 때문이다. 아, 하나 더 있다면 잘난 척하는 호영이와 졸개처럼 졸졸 따라다니는 녀석들을 골려 주거나 때려 주기 위해서이다.

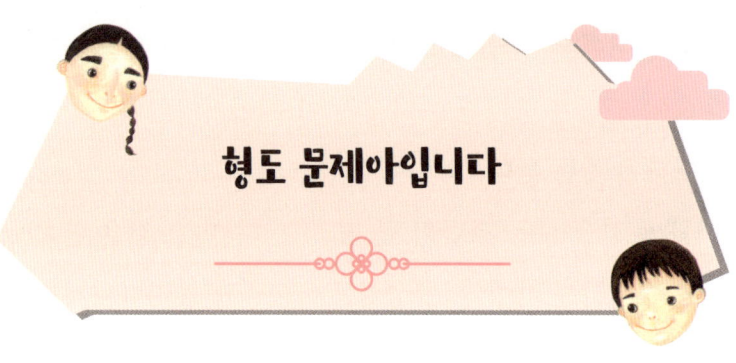

형도 문제아입니다

    형 주민수는 나의 유일한 형제다. 어릴 때의 형은 액션 영화를 좋아해서 아이들과 동네를 누비며 뛰어다니는 활달한 성격이었다. 하지만 여덟 살 때 어머니가 집을 나간 뒤로 아이들에게 주먹을 휘두르기 시작하더니 갈수록 정도가 심해졌다.

    내가 아주 어렸을 때 아버지는 일정한 직업을 구하지 못해 공사판에서 일을 하셨는데, 일을 하는 날보다 쉬는 날이 더 많았다고 한다. 그런데다 아버지는 자주 술을 드셨고, 밤늦게 들어오시면 어머니와 다투는 날이 많았다고 한다. 결국 어머니는 아버지의 술주정을 견디지 못하고 집을 나가셨다.

그 이후로 아버지는 술을 끊으셨다. 어머니가 떠난 뒤에야 자신의 잘못을 깨달은 아버지는 택시 회사에 취직해서 지금까지 영업용 택시를 운전하시는데, 밤늦도록 일해도 생활비를 감당하기에 빠듯한 형편이었다.

나와 형은 학교에서 돌아오면 늘 밤늦도록 아버지를 기다렸지만, 피로한 아버지는 퇴근하자마자 쓰러져 주무시곤 했다. 쉬는 날에도 오후가 되도록 부족한 잠을 보충하느라 우리와 놀아 줄 여유가 없었다. 그때부터 형은 비뚤어지기 시작했다. 어머니에 대한 그리움과 원망이 친구들을 괴롭히는 행동으로 나타난 것이다.

형은 초등학교 고학년이 되자 학교에서 싸움을 제일 잘하는 아이로 소문이 났다. 사실 형보다 주먹이 센 아이들이 없는 것은 아니었다. 하지만 형은 학교에서 퇴학당한 동네 형들과 어울렸기 때문에 아이들은 감히 우리 형에게 대들지 못했다.

그러던 어느 날, 민수 형은 퇴학당한 형들과 어울리다가 큰 사고를 치고 말았다. 동네 목욕탕에서 다른 형들이 망을 보는 동안 민수 형이 옷장을 뒤져 돈을 훔치다가 주인아저씨에게 딱 걸리고 만 것이다. 망을 보던 형들은 재빨리 달아났고 민수 형만 꼼짝없이 붙들려 파출소로 끌려갔다.

담임선생님과 아버지는 파출소에서 걸려 온 전화를 받고 달려갔고, 경찰 아저씨에게 아이를 잘 지도하라는 훈계를 들어야 했다.

"아직 어린 아이니까 한 번만 용서해 주겠습니다. 다시는 이런 일이 없도록 잘 보살피세요."

파출소에서 풀려난 민수 형은 더 이상 나쁜 짓을 하지 않고 다른 아이들처럼 착실하게 학교생활을 해 보려고 노력했다. 하지만 불량한 형들이 민수 형을 가만히 내버려 두지 않았다. 그 형들은 걸핏하면 민수 형을 시켜서 아이들 돈을 뺏거나 물건을 훔치게 했고, 민수 형이 붙잡히면 자기들은 몰래 도망쳐 버렸다. 그 형들은 사는 곳이나 이름도 정확하지 않아서 경찰 아저씨들이 찾아내기도 어려웠다. 아마도 그 형들은 어른 불량배와 연결되어 있는 것 같다고 했다.

민수 형의 6학년 담임선생님은 최선을 다해 민수 형을 지도해 주었다. 아침마다 학급 조회를 시작하기 전 민수 형을 조용한 곳으로 불러 용돈을 주고 아이들을 괴롭히지 말라고 부탁했다. 담임선생님의 따뜻한 마음을 느낀 민수 형은 더 이상 교실에서 말썽을 일으키거나 아이들을 괴롭히는 일 없이 지냈다.

그러던 어느 날 밤, 경찰서에서 담임선생님한테 전화가 걸려 왔다.

"민수 학생 담임선생님이시죠? 지금 보호자와 연락이 안 돼서 그러는데 경찰서로 좀 오셔야겠습니다."

허겁지겁 경찰서로 달려간 담임선생님에게 경찰 아저씨가 말했다.

"글쎄, 이 녀석이 술 취한 사람 지갑을 훔치다가 붙잡혔지 뭡니까?"

"뭐라고요? 네가 정말 그런 일을 했단 말이냐?"

"……."

민수 형은 남의 지갑을 훔치고 싶지 않았지만 불량한 형들에게 붙들려 어쩔 수 없이 시키는 대로 했다고 했다. 뒤늦게 이 사실을 알게 된 아버지는 다음 날 경찰서로 달려가 자포자기하듯 말했다고 한다.

"죽이든 살리든 마음대로 하십시오. 저도 제 자식을 어떻게 해야 할지 모르겠습니다."

"아직 나이가 어려서 처벌할 수는 없습니다."

"그럼 저더러 어떻게 하란 말입니까? 집에 데려가 봤자 나쁜 녀석들이 또 찾아와서 도둑질을 시킬 텐데요. 당신네들이 그러지 못하도록 막아 주어야 하지 않습니까?"

"그렇다고 해서 우리 경찰이 아드님을 밀착 경호할 순 없지 않습니까? 또 그 녀석들이 찾아올 때까지 대기하고 있을 수도 없잖아요."

"그럼 좋습니다. 법적으로는 나이가 어려서 구속이 안 되니까 제가 자진해서 보호소에 보내겠습니다. 제 아들한테서

나쁜 녀석들을 떼어 놓으려면 그러는 수밖에 없겠네요. 아들이 안 보이면 그 녀석들도 단념하겠지요."

며칠 뒤 민수 형은 다시 담임선생님을 찾아가 소년 보호소에 가기 전에 인사를 드리러 왔다고 말했다.

"선생님, 저 이제 보호소에 가요. 그래야 형들이 절 찾아오지 못한대요."

"민수야, 꼭 가야 되겠니? 네가 가기 싫다고 하면 안 가도 되는데……."

"가고 싶어요. 나쁜 형들을 피해 있는 게 좋을 것 같아요."

담임선생님은 1만 원짜리 지폐 한 장을 꺼내 주며 민수 형의 손을 꼭 잡았다.

"가다가 배고프면 뭐라도 사 먹어라."

그러고는 끝내 눈물을 흘리셨다.

민수 형은 반 아이들에게 작별인사도 남기지 않고 곧장 학교를 나왔다.

그로부터 한 달 뒤에 민수 형은 학교로 다시 돌아왔다. 형은 친구들을 다시 만난 기쁨에 마치 싸움터에서 이기고 돌아온 장수라도 된 것처럼 소년 보호소 생활을 들려주었다.

"야, 있잖아! 너희들 지금 이렇게 떠드는데, 보호소에서는 말이야 '성찰!' 하는 소리만 들려도 조용히 눈 감고 앉아 있어야 돼."

민수 형은 별 탈 없이 졸업을 했고 중학교에 진학했다. 하지만 새 학기가 시작된 지 얼마 안 되어 민수 형은 또다시 불량배들에게 걸려들어 사고를 쳤다. 이번에는 소년원에 들어갈 수밖에 없었다. 소년원 생활을 마치고 나온 민수 형은 학교 가기가 민망하다며 더 이상 학교에 가지 않았다.

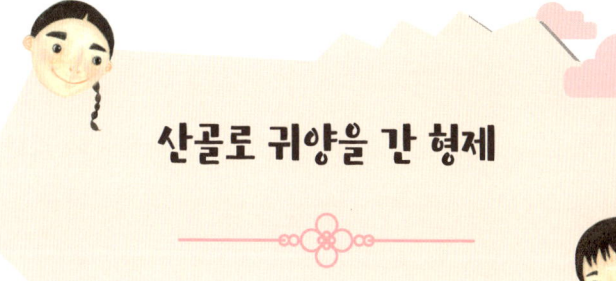

산골로 귀양을 간 형제

나는 학교와 동네에서 아이들과 다툼을 벌이고 민수 형은 소년원에서 나온 뒤 학교에 다니지 않게 되자 아버지의 고민은 이만저만이 아니었다. 형을 강제로 학교에 보내려고도 해 봤지만 민수 형은 학교생활을 거부했다. 급기야 형은 집에 들어오지 않고 피시방 같은 데서 밤을 새는 날이 많아졌다.

나는 큰 말썽을 부리지는 않았지만 민수 형에 대한 소문이 돌자 동네 아주머니들은 나를 보며 쑥덕거렸고, 아이들은 나를 피했다. 동네에서 따돌림을 당하는 처지가 되자 나도 형처럼 피시방에서 시간을 보낼 때가 많았다. 딱히 할 일도 없고 학교 공부도 하고 싶지 않았기 때문이다.

아버지는 우리를 이대로 둘 수 없다고 생각하셨는지, 내가 초등학교를 졸업하자마자 큰 결심을 하셨다. 우리를 지리산 산골에 있는 친척 아저씨 집에 보내기로 한 것이다.

"아버지, 거기에 꼭 가야 해요?"

민수 형이 묻자 아버지는 말하셨다.

"이놈들아, 이대로 살면 너희는 사람 구실도 못 할 거야. 민수 너는 가뜩이나 학교도 안 가는데 여기서 할 일도 없잖니?"

형이 말했다.

"그래도 가기 싫어요. 여기서 아버지와 함께 살래요. 공부도 열심히 하고……."

"허참, 공부를 하겠다고? 시골에 가면 학교 공부 안 해도 된다. 가고 싶어도 학교가 없어."

학교도 없고 공부를 안 해도 된다는 말에 나와 민수 형은 귀가 솔깃해졌다. 게다가 아버지의 뜻이 워낙 확고했기 때문에 우리에겐 선택권이 없었다.

어느 따뜻한 봄날 아침, 우리 형제는 짐을 챙겼다. 짐이라 봤자 각자 배낭에 속옷과 양말, 겨울용 점퍼와 청바지 등을 넣은 게 고작이었지만 말이다. 우리는 아버지를 따라 고속버스에 올랐다. 창밖으로 스쳐 지나가는 경치가 눈부시게 아름다웠다. 우리 세 식구가 이렇게 먼 길을 떠나 본 적이 없는 내게는 이 시간이 무척이나 달콤했다.

네 시간쯤 지났을까. 우리는 고속버스에서 내리자마자 다시 시외버스를 타고 한 시간을 더 들어갔다. 산골 어느 정류장에 내린 다음에도 한참 흙길을 따라 터덜터덜 걸어야 했다. 고속도로 휴게소에서 먹은 점심밥이 벌써 다 소화된 모양인지 배에서 꼬르륵 소리가 났다.

"아버지, 도대체 언제 도착해요? 왜 이렇게 멀어요?"

나는 이마에 송골송골 맺힌 땀을 닦아 내며 말했다.

"인마, 아직 멀었다. 사내 녀석이 엄살은……. 이 아버지는 군대에 있을 때 이보다 훨씬 더 먼 길을, 그것도 무거운 군장을 메고 행군했어. 너희들도 고생 좀 해 봐야 이 아비 마음을 알 거다."

해가 뉘엿뉘엿 넘어갈 무렵이 되어서야 우리는 어느 집 앞에 도착했다.

"아이고, 이게 누군가? 동생 아닌가? 여기까지 오느라고 고생이 많았다."

"얘들아, 인사해라. 내가 서울에서 말한 그 아저씨다."

"안녕하세요?"

우리가 인사를 드리자 아저씨께서 말하셨다.

"오냐. 네가 민수고, 네가 유수냐? 우리 주씨 집안의 아들들이 이렇게 훌륭하게 컸구나."

"훌륭하긴요. 워낙 말썽을 많이 부려서 제가 형님께 맡기려는 게 아닙니까? 삼 년 동안만 데리고 있으면서 사람 좀 만들어 주세요."

"……."

아저씨는 아버지의 사촌 형이다. 고속버스 안에서 아버지가 들려준 말에 따르면, 아저씨는 태어나서 지금까지 쭉 산골에 살고 계시지만 서울의 웬만한 지식인보다 더 박식한 분이다. 한문 실력만 따져 봐도 한문을 전공한 교수님들만큼이나 깊다고 한다. 어려서부터 할아버지한테 줄곧 한문을 배웠기 때문이다. 할아버지는 증조할아버지한테, 증조할아버지는 고조할아버지한테 배우는 식으로 학문의 전통을 이어 온 것이다.

아저씨에게도 우리처럼 두 명의 아들이 있다. 그중 큰아들은 지금 서울에 있는 일류 대학에 장학생으로 들어가서 공부하고 있다. 그때까지 산골에 살면서 학교도 학원도 다니지 않고 오직 아저씨에게 교육을 받으며 자랐다고 한다. 그 사실이 화제가 되어 아저씨의 특별한 교육 방법을 취재하기 위해 신문사와 방송사 기자들이 찾아왔다고 한다.

아저씨의 둘째아들은 나와 나이가 같은 남자 아이인데, 마찬가지로 학교에 다니지 않고 집안일을 돌보며 틈나는 대로 아저씨에게 글을 배우고 있다고 한다. 학교에 다니는 것을 거부하는 게 아니라 이곳이 워낙 깊은 산골이라 가까운 곳에는 학교가 없기 때문이다.

잠시 후, 머리를 길게 땋고 저고리를 입은 한 소년이 다가오더니 아버지께 두 손을 모아 공손히 인사했다.

"당숙님, 먼 길을 오시느라 얼마나 노고가 많으셨습니까?"

"하하, 의젓하기도 하지. 네가 둘째아들 태극이구나."

우리는 인사를 나누고 방으로 들어갔다.

집은 위채와 아래채로 나뉘어 있었다. 위채는 방 두 개와 부엌이 딸린 세 칸짜리 집이었고, 아래채는 방 하나와 헛간 그리고 화장실과 외양간이 딸린 네 칸짜리 집이었다. 위채의 안방에서는 아주머니가 주무시고, 작은 방은 태극이의 방, 아래채의 방은 아저씨가 주무시는 방이자 공부방이었다.

　날이 어두워지자 아저씨는 등잔에 불을 밝혔다. 요즘에는 웬만한 산골 마을에도 전기와 전화선이 연결되지 않은 곳이 없는데, 이곳은 산골에서도 한참 깊숙한 곳인 데다 달랑 집 한 채밖에 없었기 때문에 전기를 설치하지 않고 지낸다고 한다. 그야말로 타임머신을 타고 조선시대로 돌아간 기분이었다.

　등잔불을 켜자 우리는 비로소 낯선 곳에 왔다는 걸 실감할 수 있었다. 주변을 둘러보니 텔레비전은커녕 전화나 냉장고 같은 것도 찾아볼 수 없었다. 라디오가 한 대 있기는 했지만 거의 사용하지 않는 것 같았다.

　밤이 깊어지자 등불 없이는 집 밖으로 한 발자국도 나설

수 없을 만큼 깜깜했다. 하늘에는 수많은 별들이 반짝이고 있었고, 숲속에서는 이름을 알 수 없는 새들의 울음소리가 들렸다. 나는 불을 끄고 누웠지만 잠이 오지 않았다. 태극이와 민수 형은 벌써 잠이 들었는지 새근새근 숨소리가 들렸다. 나는 어둠 속에서 두 눈을 껌뻑이며 서울에 있을 두 친구를 생각했다.

'기수는 지금쯤 무얼 하고 있을까? 컴퓨터 게임이나 인터넷을 하고 있겠지? 그리고 수정이는 공부를 할 것이고······.'

생각이 꼬리에 꼬리를 물고 이어지더니 어느 결에 깊은 잠에 빠져들었다.

아침이 밝아 올 무렵 갑자기 바깥에서 시끌벅적한 소리

가 들렸다. 이른 아침인데 벌써 다들 일어나 분주한 모양이었다. 산골 사람들은 도시 사람들보다 부지런하구나 하고 생각했는데, 나중에 알고 보니 그게 아니었다. 저녁에 텔레비전이나 컴퓨터를 보지 않고 일찍 잠자리에 들기 때문에 새벽 일찍 일어나는 것뿐이었다.

아래채에서 아저씨와 태극이의 목소리가 들려왔다.

"대학지도는 재명명덕하고 재신민하고 재지어지선이니라."

"대학지도는 재명명덕하고 재신민하고 재지어지선이니라."

아저씨가 한 문장을 읊조리자 태극이가 따라서 읊조렸다. 도무지 무슨 말인지 알 수가 없었다. 옆자리를 보니 민수 형은 아직도 자고 있었다. 내가 흔들어 깨웠지만 형은 좀처럼 일어나지 않았다. 계속 깨우자 형은 짜증을 내면서 겨우 일어나 앉았다.

"형, 우리가 너무 오래 잤나 봐. 식구들이 벌써 일어났어. 근데 밖에 나가 봐야 할까, 여기에 좀 더 있어야 할까?"

내가 말하자 민수 형이 대답했다.

"야, 오줌 마려워서 안 되겠다. 나가자!"

우리가 밖으로 나가자 마침 부엌에서 나오던 아주머니가 말하셨다.

"인자 일어났나? 저기 있는 물로 세수하고 아침밥 묵자."

'아니, 이렇게 일찍 아침밥을 먹는다고?'

나는 신기하게 생각하면서 아주머니께 여쭈어 보았다.

"아주머니, 저희 아버지는 어디 가셨어요?"

"아버지 말이가? 좀 이따 말할라꼬 했는데, 새벽에 서울로 올라갔데이. 아마 너희들하고 헤어지는 게 맘이 아파서 조용히 떠나신 모양이데이."

아마도 아버지는 우리가 여기에서 살지 않겠다고 할까 봐 일찍 가셨을 것이다. 새벽에 몰래 가신 아버지한테 좀 야속한 마음이 들었다.

우리는 붉은색 고무 대야에 물을 담아 세수를 하고 방에 들어가 아침밥을 먹었다. 나물만 잔뜩 올라 있는 밥상이 썩 내키지는 않았지만 이것저것 먹어 보니 그런 대로 먹을 만했다.

식사가 끝나자 아저씨가 아래채에 있는 공부방으로 우리를 불렀다.

"잘 듣거라. 오늘부터 너희 형제는 내가 가르치겠다. 물론 먹여 주고 재워는 주겠다만 그건 절대로 공짜가 아니다. 너희들은 내가 정해 준 시간표에 따라 일하고 공부해야 한다. 너희 아버지랑 약속했기 때문에 내 말이 곧 너희 아버지 말이고 스승의 말이라고 생각해야 한다. 알았느냐?"

"네."

우리는 힘없이 대답했다.

"내일부터 아침 일찍 일어나 마당을 깨끗이 쓸어야 한다. 마당을 쓸 때에는 먼지가 나지 않도록 물을 먼저 뿌리거라. 그 일이 끝나면 마루를 물걸레로 닦고 세수를 하도록 해라. 그러고 나서 나와 같이 매일 오전에 한 시간씩 공부해야 한다. 공부할 내용은 모두 한문이다. 수업이 끝나면 밭에 가서 일을 하고 오후에는 태극이랑 산에 가서 산나물을 뜯거나 약초를 캐거나 버섯을 따야 한다. 그리고 돌아와서 다시 공부를 한 시간 하고 아홉 시 전에 잠자리에 들도록 해라. 이게 평상시 일과 내용이다. 잘할 수 있겠지?"

"네."

우리는 '아니오'라고 대답할 수 없었다.

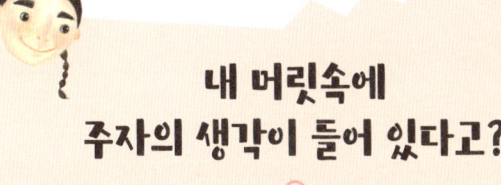

내 머릿속에 주자의 생각이 들어 있다고?

　다음 날 오전, 우리는 호미와 바구니를 들고 밭으로 갔다. 아직 이른 봄이어서 아무것도 심어져 있지 않은 빈 밭이었다.
　"오늘은 너희에게 시골이 어떤 곳인지 보여 주겠다. 밭에 뭐가 보이니?"
　"아무 것도 없는데요?"
　"잘 봐라. 곡식을 심기 전이지만 빈 밭은 아니란다. 이건 냉이고, 이건 달래란다."
　아저씨는 땅 위에 자라난 작은 풀들을 호미로 캐어 보여 주셨다. 언뜻 보아도 두 풀의 생김새가 다르다는 것을 알 수 있었다. 냉이는 여러 개의 잎에 크고 작은 뿌리가 달려 있었고, 달래는 한두 가닥의 잎에 수염처럼 작은 뿌리가 여러 가닥 달려 있었다.

옆에 있던 태극이가 끼어들었다.

"냉이는 쌍떡잎식물이고 달래는 외떡잎식물이야. 냉이는 잎이 그물맥이고 뿌리에는 원뿌리와 곁뿌리가 있어. 반면에 달래는 잎이 나란한 맥이고 수염뿌리야."

'아니 학교도 안 다니는 녀석이 어떻게 이렇게 자세히 알지? 식물학자 되는 게 꿈인가?'

"각자 자기 바구니에 냉이와 달래를 캐서 가득 담아야 한다. 이것이 오늘 오전에 너희들이 해야 할 과제다."

아저씨는 우리가 할 일을 알려 준 뒤 태극이와 함께 내려가셨다.

"형, 이거 바구니 가득 못 채우면 점심 못 먹는 것 아냐?"

"설마, 게으름 피우지 말라고 하신 말이겠지. 대충 하면 돼."

나는 쌍떡잎식물, 외떡잎식물은 몰라도 냉이랑 달래 정도는 구별할 수 있을 것 같았다. 호미를 들고 돌아다니면서 냉이와 달래를 캐다 보니 얼굴에 땀방울이 송골송골 맺혔다. 뒤를 돌아보니 민수 형은 나물을 캐는 둥 마는 둥 했다.

서울에 있었으면 오전 시간이 어영부영 지나갔을 텐데, 이상하게도 여기에서는 시간이 늘어난 것처럼 길게 느껴졌다. 민수 형도 나와 같은 심정인지 땅이 꺼져라 한숨만 내쉬고 있었다.

하지만 쥐가 소금을 먹어도 줄어드는 법! 점심때가 가까워지자 내 바구니는 푸른 봄나물로 가득 찼다. 반면 민수 형의 바구니는 아직 절반도 차지 않았다. 멀리서 태극이가 점심 먹으러 오라고 손짓했다. 오매불망 기다리던 순간이었다. 바구니를 들고 달려가자 우리를 기다리고 있던 아저씨는 내 바구니를 보고 나서 고개를 끄덕이셨다. 그러나 민수 형의 바구니를 보더니 알아들을 수 없는 말을 하셨다.

"주자님 말씀에 '소년이로(少年易老) 학난성(學難成)이니 일촌광음(一寸光陰) 불가경(不可輕)이라' 했거늘, 너는 오늘 오전 시간을 헛되이 보냈구나. 오늘 점심은 절반으로 줄이겠다."

모두들 찐 고구마 두 개로 배를 채웠는데 민수 형은 한 개밖에 먹을 수 없었다. 아저씨가 말하셨다.

"여기는 산골이라 논이 없다. 논이 없다는 것이 무슨 뜻인지 아느냐? 쌀이 생산되지 않는다는 말이다. 그래서 약초나 버섯 등을 캐다 팔아서 그 돈으로 쌀을 사 온다. 쌀이 귀한 만큼 점심은 밭에서 나는 고구마나 감자로 해결하고 있다. 여기에 온 이상 너희도 점심은 그렇게 먹어야 한다. 알겠느냐?"

"예."

찐 고구마로 점심을 해결한 뒤, 오후에는 뒷산에 올라가 산나물을 뜯었다. 땅에서 자란 나물을 캐기도 하고 나뭇가지에 돋아난 새순을 따기도 했다. 형과 나는 어떤 것을 캐고 따야 할지 몰라서 태극이를 따라다니며 배우기에 바빴다.

산나물을 찾아 여기저기 돌아다니던 우리는 잠시 바위에 앉아 쉬기로 했다. 민수 형이 태극이에게 물었다.

"만날 이렇게 살면 따분하지 않니?"

"뭐가?"

"도시에는 피시방, 오락실 같은 곳도 있고 극장, 텔레비전, 휴대전화도 있어서 즐길 거리가 많은데 여기는 전기조차 안 들어오잖아. 이런 데 살면 세상이 어떻게 돌아가는지도 모르고 심심하게 지내야 하잖아."

"심심할 틈이 없어. 낮에는 일하고 밤에는 아버지한테서 옛 성현들의 말씀을 배우니까."

"성현들의 말씀이라고? 아까 내가 나물을 조금밖에 못 캤을 때 아저씨가 '주자님 말씀' 어쩌고 하시던데, 그 주자님도 성현이야?"

"그렇다고 할 수 있지. 주자는 공자, 맹자 같은 위대한 성현이 남긴 말씀을 해석해서 널리 알린 분이야."

"공자, 맹자는 들어 봤어도 주자라는 성현은 처음 들어 봐."

"좀 섭섭한데? 우리 집안이 주자(朱子)의 후손인데 말야. 주자의 성함은 주희(朱熹)라고 해. 주씨 성 뒤에 붙인 '자(子)'라는 글자는 위대한 스승에 대한 존경의 뜻으로 붙이는 거야. 공자, 맹자같이 말이야."

"그럼 우리 엄마나 이모도 위대한 스승인가? 엄마 이름은 명자, 이모는 춘자, 고모는 금자거든."

"하하하! 예전에 여성들의 이름을 지을 때 '자' 자를 붙인 적이 있었대. 하지만 그건 일본이 우리나라를 식민 지배할 때 일본식 이름으로 짓게 했기 때문이지 주자와는 아무 상관이 없어. 주자는 송나라 때 성리학을 완성한 학자야. 그분의 후손들이 조선시대 때 우리나라에 들어와서 귀화해 살았는데, 그들이 바로 우리 주씨 가문의 조상인 거야."

"참 아는 것도 많다. 그건 그렇고, 아저씨는 내가 나물 좀 적게 캤다고 유명한 학자의 말씀으로 꾸짖으시다니…….”

"형이 잘 몰라서 그래. 조선시대 때 글공부하는 사람들은 대부분 주자가 해석한 책을 읽었대. 과거 시험을 준비하는 모든 선비들의 교과서였던 거야. 말하자면 조선이라는 나라는 오백 년 동안 주자의 학문을 배운 관료들에 의해 다스려진 거지. 조선시대에서 끝난 것도 아니야. 지금도 많은 한국 사람들의 머릿속에는 주자의 생각이 들어 있어. 나는 물론이고 형의 머릿속에도 주자의 생각이 들어 있다고.”

"뭐라고? 내 머릿속에 주자의 생각이 들어 있다고?”

"응. 우리랑 같이 살다 보면 알게 될 거야.”

"그건 그렇고, 아까 아저씨가 하신 주자의 말씀은 무슨 내용이냐?”

"그건 말야, 주자가 지었다고 알려진 시의 한 부분이야. '소년은 쉽게 늙어 가고 학문은 이루기 어려우니 비록 짧은 한순간이라도 가벼이 여겨서는 안 된다'는 뜻이지. 형이 열심히 일하지 않고 게으름 피운 것을 두고 한 말이야.”

"쳇, 난 또 뭐라고.”

민수 형은 투덜거리며 자리에서 일어났다.

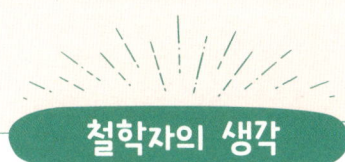

철학자의 생각

인간의 본성을 탐구하다

유교의 도리를 어지럽히는 자는 도적이다

옛 중국의 사상가인 주자는 평생 독서와 사색, 강론 및 토론과 논쟁으로 유학 사상의 완성도를 높인 인물입니다. 그는 자신의 이름을 딴 '주자학(朱子學)'의 창시자이기도 하지만, 동아시아의 위대한 스승이기도 합니다. 당시 그가 가르친 제자만 해도 800~900명이었으며, 한 번이라도 그에게 배움을 받은 사람까지 합하면 2000~3000명에 달한다고 합니다.

주자는 배움의 길을 가는 자는 무엇이든 스스로 부딪히고 생각하며 몸과 마음을 닦는 것이 가장 중요하다고 보았습니다. 자신은 그저 같은 배움의 길을 걸어가는 사람으로서 길 안내자에 불과하며, 의문이 드는 점을 함께 생각하는 사람이라고 여겼습니다. 그래서 제자들에게 어떤 지식을 알려주기보다는 배운 것을 실천하도록 이끌었으며, 스스로 책을 읽고 스스로 생각해서 도리를 깨우치도록 했습니다.

주자가 남긴 대부분의 책들은 이후 중국이나 조선에서 선비들의 교과서가 되었고, 과거 시험을 보려면 그의 책으로 공부하지 않을 수 없었습니다. 주자학의 전성기가 도래한 것이지요. 조선 후기에 주자학의 권위는 막강해서, 주자와 다른 해석을 주장하거나 주자를 비판하는 자에 대해서는 사문난적(斯文亂賊), 즉 유교의 도리를 어지럽히는 도적으로 몰려 큰 고초나 박해를 당했습니다. 학문 분야뿐만 아니라 우리의 전통적 사회제도나 관습은 주자의 사상에 의하여 이루어졌기 때문에, 오늘날 우리의 의식 깊은 곳에는 주자 사상의 흔적이 남아 있습니다.

이름도 다양한 주자학

보통 주자의 학문을 '주자학'이리 부릅니다. 그러나 이 학문은 주자의 단독적인 사상으로 만들어진 것이 아니라 앞선 학자들이 다져 놓은 학문을 바탕으로 이룬 것입니다. 특히 정자(程子, 정호와 정이 형제)의 유학을 많이 이어받았는데, 세상 사람들은 정자와 주자의 학문을 합쳐 정주학(程朱學)이라고 부릅니다.

또한 주자의 학문은 북송 시대 유학자들의 사상을 이어받아 탄생한 것이라 할 수 있습니다. 그래서 이 당시의 유학을 통틀어 송학(宋學)이라고도 합니다. 하지만 우리에게 가장 많이 알려진 이름은 '성리학'입니다. 성리학이라는 용어는 원래 '성즉리(性卽理, 성품이 곧 이치이다)'라는 정자의 주장에 근거한 것으로, 인간의 본성이 곧 하늘의 이치라는 뜻입니다. 주자가 그 이론을 철학적으로 명확하게 완성시켰기 때문에 주자의 학문을 성리학이라 부르게 되었습니다. 또 주자가 '이(理)'를 강조했기 때문에 자연히 '이학(理學)'이라는 이름도 생겨났습니다.

  송학, 정주학, 성리학, 이학은 조금씩 내용이 다르기는 하지만, 오늘날에는 하나로 뭉뚱그려 주자의 학문을 뜻하는 용어가 되었습니다. 특히 조선시대에 성리학이란 곧 주자학으로 통용되었습니다. 즉 퇴계 이황 선생나 율곡 이이 선생이 연구한 성리학이 바로 주자학인데, 이는 주자학을 좀 더 깊이 있게 발전시킨 것이라 할 수 있습니다. 성리학은 공자와 맹자의 사상을 이어받았기 때문에 인간의 현실적인 삶을 중요시했으며, 신을 숭배하거나 죽은 뒤의 문제를 다루지 않습니다. 또한 공자와 맹자를 본받아 정치, 교육, 사회, 윤리 도덕의 문제에 관심을 두었습니다.

즐거운 독서 퀴즈

1 아저씨는 민수와 유수 형제에게 산골에서 해야 할 일들을 알려 주었습니다. 그것은 산골에 사시는 아저씨가 대대로 전수받은 교육 방법입니다. 그 내용에 포함되는 것을 모두 고르세요. (　　　　　　)

❶ 매일 오전과 오후에 한 시간씩 한문을 공부한다.
❷ 오후에는 한자 쓰기 연습을 한다.
❸ 아홉 시 전에 잠자리에 든다.
❹ 밭에 가서 일을 하거나 산나물을 캔다.
❺ 아침 일찍 일어나 마당에 물을 뿌리고 청소를 한다.
❻ 공부는 책상 앞에서만 해야 한다.

정답: ①, ③, ④, ⑤

2 다음은 주자의 시로 알려진 글입니다. 괄호 안에 맞는 말을 넣어 보세요.

> 소년이로(少年易老) 학난성(學難成)이니 일촌광음(一寸光陰) 불가경(不可輕)
> (   )은 쉽게 늙어 가고 (   )은 이루기 어려우니 비록 짧은 한순간이라도 가벼이 여겨서는 안 된다.

3 다음은 주자학에 대한 설명입니다. 내용이 맞으면 ○, 틀리면 × 표시를 해 보세요.

❶ 주자학은 주자가 단독으로 고안한 학문이다.   (   )
❷ 주자학은 성리학이라고도 불린다.   (   )
❸ 퇴계 이황, 율곡 이이 선생은 성리학자이다.   (   )
❹ 성리학이라는 용어는 원래 '성품이 곧 이치이다'라는
   말에서 유래했다.   (   )
❺ 오늘날에는 주자학의 정신을 찾아볼 수 없다.   (   )

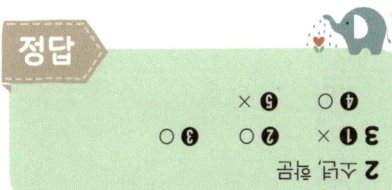

정답

2 소년, 학문
3 ❶ × ❷ ○ ❸ ○ ❹ ○ ❺ ×

정신일도 하사불성(精神一到 何事不成)
정신을 하나로 집중하면 무슨 일이든 할 수 있다.
　　　－주자

2 세상 만물의 이치를 배우다

이상한 일이지?
이젠 라면이나 떡볶이보다 산나물이 더 맛있군.
피시방에서 살다시피 하던 나였는데
옥수수 심고 가꾸는 일이 재미있을 줄이야!
그런데 형이 좀 이상해.
한문 공부를 하더니 고사리가 불쌍해서 못 꺾겠다고
하지를 않나, 잡은 물고기를 놓아 주라고 하지를 않나.
형에게 무슨 일이 생긴 걸까?

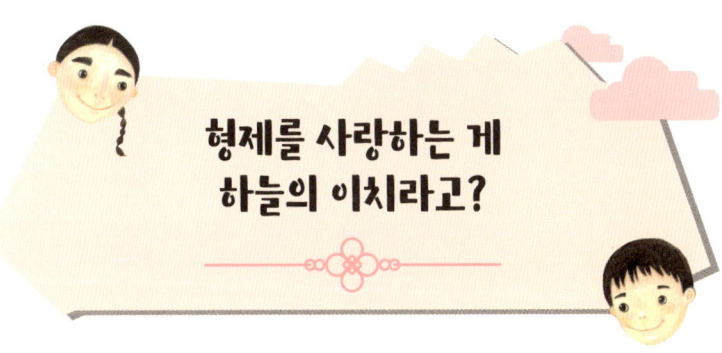

형제를 사랑하는 게 하늘의 이치라고?

"이건 아버지 말과 다르잖아? 여기에는 학교가 없으니까 공부를 안 해도 된다고 했는데……."

민수 형이 아침부터 투덜댔다. 매일 새벽같이 일어나서 아저씨에게 한문을 배워야 했기 때문이다.

아저씨는 우리 형제의 한문 실력을 고려해서 가장 쉬운 『사자소학』부터 가르치겠다고 하셨다. 한자 쓰기는 나중에 배우기로 하고 우선은 소리 내어 문장을 읽고 뜻을 익히는 것부터 시작했다.

"자, 따라 읽어라. 형제자매(兄弟姉妹)는 동기이생(同氣而生)이니 형우제공(兄友弟恭)하야 불감원로(不敢怨怒)하라."

"형제자매는 동기이생이니 형우제공하야 불감원로하라."

우리는 큰 소리로 따라 읽었다.

"이게 무슨 뜻인고 하니, 형제자매는 같은 부모의 기운으로 태어났으니 형은 동생을 사랑하고 동생은 형을 공경하되, 감히 동생이 형을 원망하거나 형이 동생에게 화를 내어서는 안 된다는 말이다. 내가 이 말을 제일 먼저 가르치는 것은, 지금 여기에 부모님이 안 계시고 너희 두 형제만 있기 때문이다. 그러니 이 말을 잘 실천하기 바란다."

불만이 많았던 형이 아저씨께 퉁명스럽게 질문했다.

"왜 형제끼리만 잘 지내야 해요? 다른 사람하고도 잘 지내면 안 돼요?"

"다른 사람이란 누구를 말하느냐?"

"그야, 친구도 있고 이웃 사람들도 있고 주변 사람들도 있지 않습니까?"

형이 자신 있게 말하자 아저씨가 대답했다.

"그래. 네 말대로 우리 주변에는 많은 사람들이 있지. 물론 그 사람들하고 잘 지내는 것도 중요하다. 그러나 형제가 서로 사랑하고 공경하는 것은 하늘이 정한 이치다. 이것을 천리(天理)라고 한단다. 사람으로서 어찌 천리를 어길 수 있겠느냐? 형제끼리 잘 지내는 것이 먼저이고 남과 잘 지내는 것은 그다음 일이다."

나라면 이쯤에서 '네, 알겠습니다' 하고 물러났을 테지만 민수 형은 그러지 않았다.

"요즘 사람들은 자기 가족끼리만 잘 먹고 잘살려 하고, 남이야 어떻게 되든 상관하지 않는 경우가 많아요. 형제끼리만 서로 잘해 주는 것이 하늘이 정한 이치라는 건 좀 이상하지 않나요? 그런 이치를 따를 필요가 있을까요?"

아저씨는 좀 더 단호한 목소리로 말하셨다.

"천리에 대해 얼마나 안다고 함부로 자기 생각을 주장하느냐? 내 말은 형제들끼리만

잘 지내라는 말이 아니다. 형제와 잘 지내는 것을 남과 잘 지내는 것보다 먼저 해야 한다는 말이다. 요즘에는 부모의 유산 문제로 형제가 서로 다투어서 남보다 더 못한 사이로 살아가는 사람들이 있다. 잘사는 사람들이 더 심하다고 하더라. 그래, 그런 모습이 좋아 보이느냐? 형제끼리 원수처럼 지내면서 어떻게 남과 친하게 지낼 수 있으며, 어떻게 국가와 민족과 인류를 위할 수 있겠느냐? 그건 말이 안 되느니라."

민수 형은 더 이상 대꾸하지 못했다. 그러나 완전히 수긍하는 눈치는 아니었다.

아저씨는 형의 마음이 상했을까 봐 다시 조용히 말하셨다.

"네가 천리를 좀 더 이해하게 되면 내 말의 뜻을 알 수 있을 것이다. 천리가 없는 곳은 없다. 네 마음속에도 있고 우리 눈에 보이는 모든 물건 속에도 있다. 부지런히 공부하면 천리가 무엇인지 깨닫게 될 것이다. 오늘부터는 일을 일로만 생각하지 말고 공부라고 생각해라. 어찌 책상 앞에 앉아서 하는 공부만 공부이겠느냐?"

아저씨의 말씀을 듣고 보니 이런저런 생각이 들었다. 분명히 아버지는 이곳에 학교가 없으니 공부를 안 해도 된다고 하셨다. 그런데 아저씨는 천리를 깨닫는 공부를 열심히 하라고 하지 않는가. 결국 여기에서도 공부를 피할 순 없구나 싶어 실망스러웠다. 하지만 여기서 하는 공부는 학교에서 배우는 내용이랑 많이 다른 것 같아 조금은 위로가 되었다. 무엇보다 형제끼리 잘 지내는 게 천리라는 아저씨의 말씀을 듣고 보니, 과연 천리라는 게 무엇인지 궁금해지기 시작했다.

아저씨와 민수 형의 언쟁 때문인지 아침식사 분위기가 좀 어색했다. 아주머니는 말없이 밥만 먹고 있는 민수 형에게 자꾸 말을 걸었다.

"민수야, 이거 묵어 봐라. 엄청 맛있데이. 요즘 도시 사람들은 거 뭐라노? 아, 웰빙이다 유기농이다 해서 깨끗하고 오염이 덜 된 것만 먹는다 하데. 여기서 자란 것들은 유기농보다 더 좋은 것이데이. 여긴 산골이라 해충이 없어서 채소나 곡식에 농약도 안 치니까. 자, 이 산나물하고 약초하고 버섯도 좀 먹어 보거라."

형은 '네' 하고 짧게 대답했다. 나는 분위기가 썰렁해질까 봐 아주머니께 일부러 큰 소리로 말했다.

"아주머니 음식 솜씨가 끝내줘요. 서울에 살 때는 라면이랑 떡볶이를 좋아했는데요, 이제는 산골 음식이 더 맛있는 것 같아요."

그러자 민수 형이 입을 열었다.

"야, 산골 음식이 그렇게 좋으면 스님이나 돼라. 산나물이랑 웰빙 음식 실컷 먹을 수 있을 테니까."

이번에는 태극이가 대꾸했다.

"스님은 아무나 되는 줄 알아? 아마 유수는 공부하기 싫어서 스님 못 한다고 할걸. 스님들이 얼마나 공부를 많이 하는데……."

내가 맞장구를 쳤다.

"맞아. 난 공부는 딱 질색이야."

"하하하, 호호호."

어색했던 분위기가 금방 환해졌.

도시의 자극적인 음식에 익숙해 있던 우리 형제는 처음 이곳에 왔을 때 산나물이 통 입에 맞지 않았다. 달콤 짭짤한 맛은 하나 없이 쌉쌀하거나 쓴맛이 났기 때문이다. 그러나 이제는 먹을수록 감칠맛이 나고 저마다의 향기를 느낄 수 있게 되었다. 어쩌면 과자 같은 간식을 먹지 않아서 입맛이 살아난 건지도 모르겠다. 사실 이곳에는 간식거리로 먹을 만한 것도 없었다.

그렇게 우리는 산골 생활에 길들여지기 시작했다.

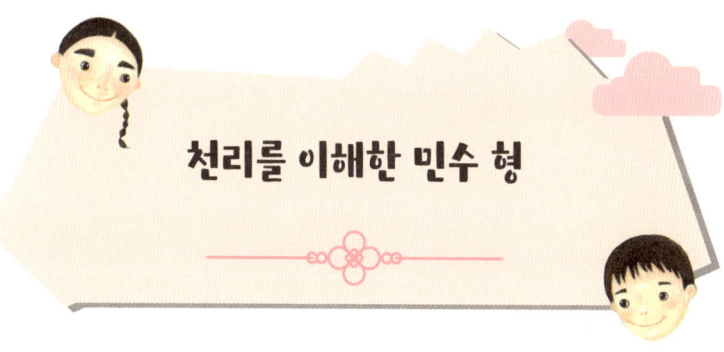

천리를 이해한 민수 형

봄이 한창 무르익었다.

산벚나무 꽃이 온 산을 덮는가 싶더니 이제는 송홧가루가 날리고, 아카시아 꽃향기가 바람을 타고 날아왔다. 꿀벌들은 열심히 꿀을 찾아 윙윙거리고, 앞산과 뒷산에서 지저귀는 새소리가 메아리처럼 들려왔다. 아침에는 꿩이 울고 밤이 되면 소쩍새가 울었다. 뻐꾸기도 질세라 여기저기서 뻐꾹뻐꾹 노래 솜씨를 자랑했다.

산골의 아침은 도시보다 일찍 시작된다. 새벽부터 요란한 새소리가 우리의 잠을 깨우기 때문이다. 서울에 있을 때 형과 나는 늦잠을 자느라 오전이 휙 지나가곤 했는데, 산골에 내려온 뒤로는 오전 시간이 길어졌다. 게다가 저녁밥을 먹고 공부를 마치면 할 일이 없어 곧바로 잠자리에 들기 때문에 새벽에 일어날 수밖에 없었다.

오늘 아침 공부 시간에는 '인의예지(仁義禮智)는 인륜지강(人倫之綱)이다'라는 말씀을 배웠다. '인의예지는 인간의 도리 중에 가장 중요한 것'이라고 아저씨는 설명해 주셨지만, 도무지 무슨 소린지 아리송하기만 했다. 인의예지가 인간의 도리 중에 가장 중요한 것이라고?

그보다 더 아리송한 것은 인의예지가 바로 '천리'라는 것이다. 도대체 인의예지는 무엇이고, 천리란 무엇이란 말이지? 서울에 있을 때 크리스마스가 되면 교회에서 선물을 준다고 해서 가끔 아이들을 따라 교회에 간 적이 있었다. 거기서 '천국'이니 '하늘나라'니 하는 말은 들어 봤지만 '천리'라는 말은 들어 본 적이 없었다.

늘 그랬듯이 아침밥을 먹은 우리는 밭일을 하러 나갔다. 며칠 전부터 우리는 아저씨가 시키는 대로 밭에 퇴비를 뿌리고 괭이로 땅을 평평하게 하고 이랑을 만들었다. 오늘은 드디어 밭에 옥수수 씨앗을 심는 날이다.

옥수수 씨앗은 다른 씨앗에 비해 크기 때문에 흩뿌리지

않는다고 한다. 이랑을 따라 조그만 구멍을 파고 그 안에 두세 알씩 심어야 한다. 씨앗을 두세 알씩 함께 심는 이유는 싹을 틔우지 못하거나 새나 벌레가 씨앗을 파먹을 경우에 대비하기 위해서이다. 두세 알의 씨앗이 모두 싹을 틔우면 그중 약한 것들은 나중에 솎아 내야 한다.

민수 형은 일을 하면서 무언가를 골똘히 생각하고 있었다. 요즘 민수 형에게 생긴 습관이었다. 나는 동갑내기인 태극이와 놀 때가 많아진 반면 대화를 나눌 상대가 없는 형은 부쩍 말수가 줄었다. 마치 무인도에 표류한 로빈슨 크루소처럼 자기 자신과 대화하는 것 같기도 했다.

나는 형에게 살며시 다가가 물었다.

"형, 무슨 생각을 그렇게 해?"

"응, 별 거 아냐. 아침에 아저씨께 배운 걸 생각하고 있었어. 형제를 사랑하는 것도 천리이고 인의예지라는 것도 천리라고 하셨잖아. 넌 천리가 뭐라고 생각하니?"

"난 모르니까 묻지 마. 그건 너무 어려운 말이야."

그때 아주머니가 밭 가장자리에서 우리를 부르셨다. 일할 때는 좀처럼 새참을 먹는 적이 없었는데 오늘은 특별히 아주머니께서 새참을 가지고 오신 것이다. 쑥을 쌀가루에 버무려

찐 쑥버무리라고 하는데, 처음 먹어 보는 음식이지만 달콤하고 향기로운 맛이었다.

"오늘은 밭에 씨앗을 뿌리는 날이라 특별히 준비했데이. 아마 서울에서는 이런 음식 못 묵어 봤을 기라. 피자나 햄버거처럼 맛날지는 모르지만……."

"맛있어요, 아주머니. 이런 게 요즘 도시에서 유행하는 자연주의 건강식인가 봐요."

내가 이렇게 대답하자 아주머니는 다행이라며 더 먹으라고 권하셨다.

"그래, 사람들이 천리를 어기고 인스턴트식품이니 패스트푸드니 하는 가공 음식을 맘껏 먹으니까 건강을 해치게 되고, 그러니까 생활도 건강하지 못하지. 그러다 보니 이젠 비싼 유기농이니 뭐니 몸에 좋다는 것을 사서 먹는다지? 천리에 따라 살면 그럴 일이 없을 텐데……."

아저씨가 말하셨다. '천리'라는 말이 나오자 민수 형의 귀가 솔깃해진 눈치였다.

새참을 먹고 난 뒤 우리는 옥수수 씨앗을 마저 심었다. 일을 끝마치자 아저씨가 넓은 밭을 바라보며 말하셨다.

"콩 심은 데 콩 나고 팥 심은 데 팥 나듯이, 우리가 옥수수를 심었으니 여기서 옥수수가 자랄 거다. 그것이 천리다. 하지만 심어 놓고 내버려 둔다면 옥수수가 잘 자라겠니? 벌레도 잡아 주고 잡초도 뽑아 주고 거름도 주어서 잘 가꾸어야 옥수수를 얻을 수 있을 게다. 이렇게 옥수수를 가꾸듯이 우리의 마음을 잘 가꾸어야 마음속에 있는 인의예지라는 천리가 잘 발휘될 것이다."

우리는 집으로 돌아와 점심을 맛있게 먹었다. 오전에 열심히 일했기 때문에 오후 시간은 자유로웠다. 자유 시간이라지만 산골에서는 딱히 즐길 거리가 없었다. 도시였다면 피시방이나 오락실에 가거나 텔레비전이라도 보았을 텐데, 여기서는 낮잠을 자거나 책을 읽거나 아니면 산이나 들에 가서 돌아다니는 게 전부였다.

우리가 심심해하는 것을 알아차린 태극이가 제안했다.

"심심하지? 우리 꿩 알 주우러 갈까?"

"꿩 알? 그게 어디 있는데?"

"양지바른 숲에 가면 찾을 수 있어."

"그거 달걀이나 메추리알하고 비슷한 거 아냐? 도시에서는 슈퍼마켓에 가면 많이 파는데, 그거 주워서 뭐 하려고?"

"꿩 알을 주워 와서 어미 닭 품에 넣어 보자. 그러면 병아

리랑 같이 꺼병이도 태어나지 않을까?"
"꺼병이? 그게 뭔데?"
"꿩 새끼 말이야. 꺼병이가 태어나면 다른 병아리들과 어울려서 잘살 수 있을까 늘 궁금했거든."
"나도 궁금해지네. 어서 주우러 가자."
나는 맞장구를 치며 일어섰다. 민수 형은 그다지 내켜 하지 않았지만 내가 가자고 조르자 마지못해 따라나섰다. 태극이와 함께 앞서거니 뒤서거니 신나게 산을 돌아다니는 동안 민수 형은 무언가 생각에 잠긴 표정으로 천천히 따라오고 있었다.

나는 형에게 다가가 말했다.

"형, 또 천리에 대해 생각하고 있지?"

"응, 그래……."

"형은 하루 종일 그 생각뿐이구나. 그래서 답을 알아냈어?"

"내가 생각해 봤는데 말이야. 아까 아저씨는 식물이 싹을 틔우는 일도 천리라 그랬잖아. 사람이 천리를 따르면 건강하고 행복해진다고도 했고. 그럼 건강하게 사는 것도 천리와 관계가 있다고 생각해."

"그래서?"

"식물의 씨앗에서 싹이 트는 것은 분명 자연이 하는 일이잖아. 자연을 따르면 사람은 건강해지는 거고. 피곤할 때 쉬고, 배고플 때 먹고, 더우면 옷을 얇게 입고, 추우면 옷을 두껍게 입는 게 다 자연스러운 일 아니냐? 너도 초등학교 때 배웠지? 계절에 따라 사람의 생활이나 모습이 바뀐다고. 그것도 모두 자연을 따르는 일이잖아."

"그러고 보니까 '자연스럽다'는 말도 자연을 따른다는 말인 것 같아."

 내가 한마디 거들자 형은 진지한 눈빛으로 말했다.

 "내 생각에는 천리란 바로 자연이야. 생각해 보니까 아저씨가 왜 이 깊은 산골에 사시는지 알 것 같아. 천리를 따르기 위해서 그런 것 같아."

 민수 형은 무언가를 깨달은 사람처럼 환한 표정을 지어 보였다. 해답을 얻어서 속이 후련한 것 같았다. 나도 덩달아 뭔가 알게 된 것 같아 뿌듯했다.

 "도시에서 사는 일은 자연스러운 일이 아닌 것 같아. 라면이니 과자니 하는 것도 모두 자연스러운 음식이 아니라 맛을 내기 위해 사람들이 조미료나 색소를 넣어서 만든 음식이잖아. 그러니 그런 맛을 좋아하는 건 천리가 아니라고. 있는 그대로의 자연을 따르는 것, 마치 아주머니가 해 주신 산나물이나 쑥버무리 같은 제철 음식을 먹으며 사는 게 천리를 따르는 삶인 것 같아."

 아무도 가르쳐 주지 않은 천리의 이치에 대해 스스로 고민하는 민수 형이 갑자기 존경스러웠다.

 그때 산 위쪽에서 큰 소리가 들려왔다.

"야, 찾았다, 찾았어!"

얼른 달려가 보니 양지바른 수풀 사이에 달걀보다 좀 작은 갈색 알이 다섯 개나 있었다.

그것을 보고 내가 말했다.

"이거 달걀 같은데, 정말 꿩 알 맞아?"

닭이 설마 여기까지 와서 알을 낳지는 않았을 테니, 꿩 알이라고 생각할 수밖에 없었다.

태극이와 내가 알을 꺼내려고 하자 민수 형이 소리쳤다.

"잠깐! 너희 이 알을 다 가져갈 생각이야?"

"그럼, 당연히 가져가야지. 어렵게 찾은 건데."

"생각해 봐. 알이 없어진 걸 알면 어미 꿩의 마음이 얼마나 아프겠냐? 그리고 너희가 이 알을 다 가져간들 잘 키울 수 있겠어? 잘못해서 부화가 안 되면 우리가 생명을 함부로 해치는 게 될 수 있어."

"우와, 우리 형님이 언제부터 이렇게 훌륭한 성인이 되셨나? 그런 거룩한 말씀을 다 하시고."

내가 말하자 태극이가 대꾸했다.

"민수 형의 말이 맞아. 호기심으로 알을 가져가는 게 마음에 걸리네. 어미 꿩의 입장을 생각하면 다 가져가선 안 될 것 같아. 한 개만 가져가서 잘 길러 보자, 응?"

나는 풀 죽은 목소리로 대답했다.

"할 수 없지, 뭐. 두 성인의 말씀을 따라야지."

민수 형은 어딘가 달라진 것 같았다. 예전의 형이라면 꿩 따위를 불쌍히 여길 리 없다. 그랬다면 아이들에게 돈을 빼앗거나 싸움을 하지 않았을 것이다.

산에서 내려오면서 태극이가 민수 형에게 말했다.

"좀 전에 형의 말을 듣고 좀 놀랐어."

"왜? 내가 말실수라도 했나?"

"그게 아니라 나는 우리 아버지한테 천리를 따르라는 말은 수없이 들었지만 실천에 옮겨 본 적은 없었어. 나보다 천리를 늦게 배운 형이 실천에 옮기는 걸 보고 놀랐어."

"내가 천리를 실천했다고? 꿩이 알을 낳아 새끼를 기르는 것도 천리를 따르는 일이 아닐까 생각했을 뿐이야."

"그렇지 않아. 형은 알을 잃게 될 어미 꿩을 불쌍히 여겨서 알을 가져가지 말자고 한 거잖아. 아버지는 생명을 불쌍히 여기는 것이 생명을 사랑하는 행동이고, 그것이 곧 천리를 따르는 일이라고 하셨어."

"다른 생명을 불쌍히 여기는 것이 천리를 따르는 일이다,

그 말이지?"

민수 형이 환한 얼굴로 묻자 태극이가 대답했다.

"응, 오늘 아침에 배웠잖아. 인의예지가 천리라고. 그중에 인(仁)이라는 것이 바로 남을 불쌍히 여기는 마음이라고."

"아, 모르겠다. 천리가 '자연의 이치'라는 건 알겠는데, 인의예지가 뭔지는 솔직히 모르겠다. 하여튼 남을 불쌍히 여기는 마음도 천리에서 나온 거라 하니까 그런 마음을 실천해 나가면 알게 되겠지, 뭐."

"천리는 인간에게만 있는 게 아니라 온 우주에 깃들어 있다고 아버지가 말하셨어. 그래서 인간과 우주는 하나라고도 하셨어."

"그 말은 더 이해하기 어려운걸. 머릿속이 복잡하다. 이제 그만 내려가자."

우리는 꿩 알을 한 개만 가지고 집으로 돌아왔다.

"아버지, 꿩 알을 하나 주워 왔어요. 병아리랑 같이 키워 보려고요."

태극이가 말하자 아저씨가 의아한 듯 물었다.

"꿩 새끼를 병아리랑 같이 키우겠다고? 하지만……."

아저씨가 무어라 말하려고 하자, 곁에 있던 아주머니가 말을 끊고 대답했다.

"그래, 어떻게 되나 한번 보자. 마침 오늘 암탉이 알을 품기 시작했으니 닭장 안에 살짝 넣어 두래이."

네 생각은 어때?

아저씨는 옥수수를 가꾸듯 사람도 마음을 잘 가꾸면 인의예지를 발휘할 수 있다고 했습니다. 그리고 민수는 인의예지 가운데 '인'을 실천했습니다. 민수가 어떤 계기로 인을 깨닫고 실천할 수 있었는지 적어 보세요.

▶풀이는 178쪽에

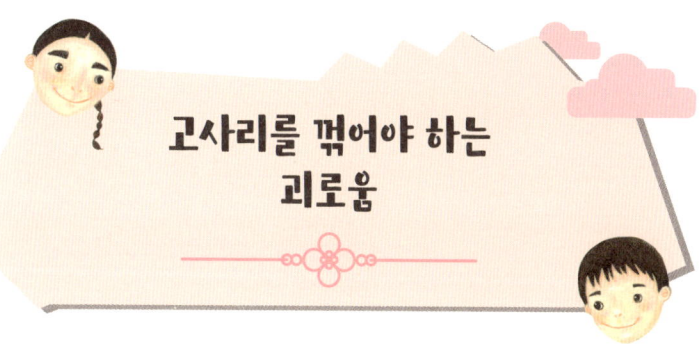

고사리를 꺾어야 하는 괴로움

암탉이 알을 품은 지 며칠이 지났다. 어미 닭은 하루에 한두 번 둥지에서 내려와 모이를 먹은 다음 둥지로 돌아가 열심히 알을 품었다. 닭이 알을 품을 때는 예민해지는지 사람이 둥지 근처로 다가오면 꼬꼬댁거리며 경계했다.

옥수수 밭에서는 벌써 옥수수 싹이 파릇파릇 돋아나기 시작했다. 처음에는 가냘픈 연두색 잎이 뾰족뾰족 고개를 내밀더니 이제는 제법 자라서 바람에 나풀나풀 흔들렸다.

3주가 지나자 병아리가 하나둘씩 알을 깨고 나오기 시작했다. 하지만 끝내 병아리가 되지 못한 알도 한두 개 있었다. 수정되지 않은 무정란이었다.

수정된 알이 병아리가 되고 옥수수 싹이 파릇파릇 돋아나는 것을 지켜보니 '생명의 성장'이라는 게 참 신기한 현상처럼 느껴졌다. 누가 시키지 않아도 저절로 자라나니 말이다.

그러나 달걀이나 씨앗을 내버려 두기만 해서는 저절로 병아리가 되고 열매를 맺는 게 아니라는 것도 깨달았다. 어미가 따뜻하게 품어 주고 흙을 잘 덮어 주어야 생명을 지킬 수 있다. 아저씨가 우리에게 밭일을 시킨 것도 우리 형제에게 자연의 이치와 생명의 이치를 스스로 깨달아 보라는 뜻이었나 보다.

오늘은 고사리나물을 따기 위해 산에 올랐다. 고사리는 그늘진 숲 속보다 햇볕이 잘 드는 양지쪽에 더 많았다. 아저씨는 어린아이의 손처럼 오므라진 고사리 순의 줄기 아래쪽을 손으로 톡 꺾는 시범을 보여 주셨다.

나는 톡톡 고사리 순을 꺾는 게 재미있어서 이마에 땀이 흐르는 줄도 모르고 열심히 고사리를 꺾었다. 그런데 민수 형은 한 자리에 우두커니 선 채 고사리만 바라보고 있었다.

나는 무슨 일인가 싶어 민수 형에게 다가가 물었다.

"왜 그래? 형? 일하기 싫어?"

"아니."

"근데 왜 그렇게 가만히 있어?"

"고사리 꺾으려니까 왠지 소중한 생명을 해치는 짓 같아. 얼마 전에 태극이가 우주와 인간은 하나라고 했잖아? 그때는 무슨 말인지 알 수 없었는데, 지금은 어렴풋이 알 것 같아. 내 몸이나 고사리나 자연의 일부잖아."

형을 제외한 다른 사람들은 바구니에 고사리를 가득 채웠다. 아저씨는 민수 형의 빈 바구니를 보고도 아무 말 하지 않으셨다.

오후에는 별다른 일이 없었다. 아주머니와 아저씨는 오전에 꺾어 온 고사리를 삶아서 햇볕에 말리는 중이셨고, 나와 태극이는 툇마루에 앉아 마당을 돌아다니는 병아리들을 구경했다. 우리는 병아리들 사이에서 약간 이상하게 생긴 놈을 발견할 수 있었다. 지난번에 산에서 가져온 꿩 알에서 태어난 깨어난 꺼병이가 틀림없었다. 다른 병아리들의 털 빛깔은 노르스름한 빛을 띠고 있었는데 유독 그 녀석만 갈색 털을 지니고 있는 데다 크기도 작고 모양도 달랐다. 그래도 녀석은 어미 닭을 졸졸 따라다녔다.

민수 형은 방 안에 틀어박혀서 꼼짝도 하지 않았다. 고사리를 다 널고 난 아저씨는 민수 형을 툇마루로 불러 내셨다.

"아까 보니 고사리를 꺾지 못하더구나. 나도 젊었을 때 '우주 만물이 하나'라는 이치를 깨닫고 나서 차마 나물을 뜯기가 힘들었던 적이 있단다. 내가 먹고 살기 위해 생명을 해쳐야 한다는 사실을 받아들이기 어려웠지. 하지만 그것이 바로 네 안에 생명을 불쌍히 여기는 마음이 있다는 증거란다. 네가 천리를 조금 깨달은 모양이구나."

"다른 생물의 희생을 보고 불쌍하게 여기는 것도 천리이고, 형제를 사랑하거나 부모님께 효도하는 것도 천리예요?"

민수 형은 평소 궁금했던 것을 여쭤 보았다.

"그렇단다. 천리는 원래 하나지만 각각 다르게 나타나는 법이지. 가령 어버이를 만나면 효도가 될 것이고, 형제를 만나면 우애가 될 것이며, 스승을 만나면 공경이 될 것이다. 그 천리를 한마디로 말하자면 사랑의 이치라고 할 수 있지."

"그러니까 그 사랑의 이치가 사람에게만 있는 게 아니라 우주 전체에 깃들어 있다는 말씀이지요? 그래서 우주 만물이 다 하나라는 건가요?"

"그렇지. 많이 공부했구나. 이런 것은 책상 앞에 앉아서 지식만 쌓는다고 얻어지는 것이 아니다. 몸으로 느끼고 실천해야만 제대로 알 수 있는 것이다."

"한 가지 더 여쭈어 볼게요. 자연을 따르는 것이 천리를 따르는 것인데, 그렇다면 자연이 곧 천리예요?"

"좋은 질문이다. 산, 하늘, 나무, 풀 같은 자연 그 자체가 천리라고 할 수는 없다. 천리는 그 안에 들어 있는 것이지. 눈에 보이는 자연 사물은 기(氣)라는 것이 모여서 만들어진 것이고, 그 안에 담긴 이치나 원리 같은 것을 천리(理) 또는 이(理)라고 한단다. 사람은 저마다 자기 마음속에 담긴 천리를 깨닫기 위해 갈고 닦아야 한다."

아저씨의 설명이 어려웠는지 민수 형은 다른 질문을 했다.

"그런데 왜 사람들은 천리를 따르지 않고 다른 생명을 해치는 거예요? 우주 만물이 다 형제와 같은데 사람들은 자기만 잘살려고 다른 생물들을 해치잖아요?"

"그래, 맞다. 인간은 욕심이 지나쳐서 다른 생명들을 해

치며 살고 있지. 하지만 인간뿐 아니라 모든 생명체는 자기의 생명을 유지하기 위해 어쩔 수 없이 다른 생명을 희생시켜야 한단다. 다만 지나친 욕심을 부려 쓸데없이 생명을 해쳐선 안 되겠지. 그러니 네가 고사리 꺾으면서 생명의 소중함을 느낀 것은 훌륭하다만 죄책감을 가질 필요는 없단다."

아저씨의 설명을 들은 민수 형은 수긍이 가는지 고개를 끄덕였다.

두 사람이 얘기하고 있는 바로 그때 갑자기 태극이가 나에게 말했다.

"유수야, 우리 개울에 가서 물고기 잡자."

우리는 뜰채와 양동이를 챙겨 개울 쪽으로 달려갔다. 다른 때 같으면 민수 형에게도 가자고 했을 텐데 오늘은 왠지 말을 건네지 못했다.

태극이와 나는 개울을 첨벙거리면서 고생한 끝에 가재와 작은 물고기 몇 마리를 잡을 수 있었다. 집으로 돌아온 나는 형에게 달려가 양동이에 담긴 물고기를 보여주었다.

"형, 가재하고 송사리, 버들치 몇 마리 잡았어."

"대단한데. 어떻게 잡았어?"

"가재는 돌을 뒤집어 보면 찾을 수 있으니까 별문제 없었는데 송사리랑 버들치는 재빨라서 잡기가 힘들었어. 계속 놓치다가 겨우 몇 마리 잡았어."

"가재는 구워 먹고 물고기는 물에 풀어 주는 게 어때?"

민수 형의 말에 나는 펄쩍 뛰었다.

"안 돼! 얼마나 힘들게 잡았는데."

"야, 이렇게 작은 물고기 몇 마리 먹어 봐야 배가 부르겠니? 그렇다고 꺼병이처럼 집에서 키울 수도 없잖아. 괜한 생명만 죽이는 꼴이지."

우리의 대화를 가만히 듣고 계시던 아저씨가 형의 편을 들었다.

"민수 말이 맞다. 놓아 주는 게 좋겠다. 나중에 더 큰 물고기를 잡자꾸나."

"네……. 알겠습니다."

나는 그제야 양동이에서 가재만 꺼내 놓았다.

저녁밥을 짓기 위해 불을 피운 아궁이 속에 가재 다섯 마리를 넣고 구웠다. 가재가 익어 가자 꽃게 삶는 냄새가 풍겼다. 나와 태극이는 발갛게 익은 가재의 다리 살을 파 먹기가 귀찮아서 껍질째 오독오독 씹어 먹었고, 그 모습을 지켜보던 아저씨와 아주머니가 빙긋이 미소를 지으셨다.

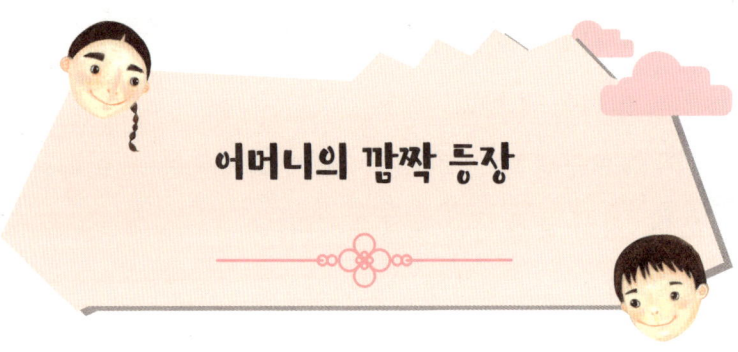

어머니의 깜짝 등장

　오늘 아침에는 『사자소학』의 첫머리를 공부했다. 책을 읽을 때 사람들은 흔히 맨 처음부터 차례대로 읽어 나가지만 아저씨는 순서대로 가르치지 않으셨다. 그때그때 상황을 보아 주제를 채택한 후 그에 해당하는 대목을 가르치셨다.
　"부생아신(父生我身)하시고, 모국아신(母鞠我身)이로다."
　"부생아신하시고, 모국아신이로다."
　우리는 낭랑한 목소리로 따라서 읽었다. 뜻은 몰랐지만 나는 민수 형보다 더 씩씩하게 따라 읊었다.
　"아버지는 내 몸을 낳으시고 어머니는 내 몸을 기르셨도다."

"아버지는 내 몸을 낳으시고 어머니는 내 몸을 기르셨도다."

이어서 아저씨가 말했다.

"오늘 배운 것은 내가 더 설명하지 않아도 잘 알 것이다. 누가 이 말에 담긴 뜻을 좀 더 설명해 보겠느냐?"

민수 형이 말했다.

"부모가 자식을 사랑하고 자식이 부모에게 효도하는 것은 천리 가운데 하나입니다."

"그렇다. 모든 살아 있는 존재를 사랑하는 것이 천리이긴 하지만, 먼저 자기 자식이나 부모를 사랑하는 것이 중요하다. 자기 자식이나 부모를 버려 두고 남을 사랑할 수는 없지 않느냐?"

"그러니까 천리를 실천하는 데도 순서가 있다는 말씀이시지요? 제가 고사리를 걱정하는 것보다 동생을 먼저 생각해야 하고, 또 남의 부모를 섬기기 전에 나의 아버지와 어머니께 효도를 해야 한다는 말씀 아닌가요?"

아저씨는 고개를 끄덕이며 말했다.

"하하하, 많이 컸구나, 우리 민수. 네가 배운 것이 진정한 배움이다. 교과서의 지식을 배우는 공부도 중요하지만 인간

됨됨이를 바르게 하는 공부가 우선이니라."

그날 오후 깊은 산골에 뜻밖의 손님이 찾아왔다. 그때 마침 형과 나는 산에서 산나물을 뜯고 있었기 때문에 나중에 아주머니로부터 이야기를 전해 들었다.

삼십대 후반, 아니면 사십대 초반쯤 되어 보이는 웬 여성이 청바지와 운동화 차림으로 마당에 들어서자 아주머니가 물었다.

"누구신데예? 누굴 찾아 여까지 오셨습니꺼?"

"형님, 접니다. 저 못 알아보시겠어요? 민수 엄마예요."

"뭐라꼬? 어디 보자. 맞네. 자네가 어쩐 일로 여까지 찾아왔노?"

아주머니가 놀라며 말하자 어머니가 대답했다.

"제가 애들 아빠와 성격이 안 맞아서 집을 나간 건 아시지요? 아이들을 데리고 나갈 형편이 못 되어서 그때는 혼자 나갈 수밖에 없었어요. 그 뒤로 저는 식당일이든 뭐든 닥치는 대로 일을 해서 돈을 벌었답니다. 지금은 작은 집도 하나 장만했어요."

"그래서?"

"이제 아이들을 제가 데려가서 키우려고 애 아빠를 찾아

갔더니, 글쎄 애들을 이 산골로 보냈다지 뭡니까? 학교도 안 보내고 말예요. 아이들이 걱정되어 제가 여기까지 찾아온 거예요."

어머니는 약간 격앙된 목소리로 말했다.

"그래, 이제 우짤 생각인데, 민수 엄마야?"

아주머니가 약간 걱정스런 표정으로 말하자 어머니가 대답했다.

"당연히 제가 데리고 가서 공부시켜야지요."

어머니가 오신 줄도 모른 채 우리는 산에서 열심히 나물을 뜯고 있었다. 이제 웬만한 산나물은 구별할 수 있을 정도로 우리는 산골 사람이 다 되어 있었다. 게다가 이제는 산나물을 무척 좋아하게 되어 무쳐서 먹는 것, 쌈으로 싸 먹는 것, 된장 속에 넣어 두었다가 먹는 것 등 종류를 가리지 않고 잘 먹는다.

생활도 처음 왔을 때와는 많이 달라졌다. 지루한 학교 공부를 안 해도 되니 좋았고, 자연과 더불어 살 수 있어서 좋았다. 아저씨는 우리에게 한문 공부를 많이 시키거나 강요하지 않았으며, 어려운 문장도 쉽게 설명해 주시기 때문에 싫증나지 않았다. 게다가 배운 내용을 생활 속에서 스스로 깨닿을 수 있도록 인도해 주셨다.

우리가 나물바구니를 들고 집으로 돌아온 시간은 해가 뉘엿뉘엿 질 무렵이었다. 그때까지 어머니는 대문 근처에서 서성이며 우리를 기다리고 계셨다. 우리가 집 가까이 왔을 때 어머니는 떨리고 흥분된 음성으로 우리 이름을 부르셨다.

"민수야, 유수야, 나다! 엄마다!"

"형, 누가 우리를 불러. 엄마라고 하는데?"

그 소리를 먼저 들은 내가 형에게 말하자 형이 대꾸했다.

"엄마가 어디 있어? 아주머니가 부르는 소리겠지."

그런데 좀 더 가까워지자 아주머니의 모습이 아니었다.

"얘들아! 나야, 엄마야!"

민수 형은 어머니를 알아보았다. 그런데 크게 기뻐하는 기색도 없이 고개만 끄떡이며 "안녕하세요?" 하고 인사할 뿐이었다. 나는 어머니 얼굴이 낯설어서 처음 본 사람처럼 서먹서먹했다.

"그래, 이 산골에 와서 얼마나 고생이 많니? 너희 아빠가 참 못할 짓을 했구나."

"아니에요, 엄마. 제가 아빠 속을 썩여서 여기에 온 거예요. 그리고 여기 생활이 맘에 들어요."

민수 형이 이렇게 말하자 나도 맞장구를 쳤다.

"여기에서는 공부를 안 해도 되고, 또 얼마나 즐거운 일이 많은데요."

"알았다. 긴 얘기는 이따 하자."

어머니가 한숨을 쉬며 말하셨다.

마침 아주머니가 저녁 식사 준비가 다 되었다며 우리를 부르셨다.

우리는 여느 때와 같이 저녁을 맛있게 먹었다. 어머니는 먼 길을 오느라 허기가 졌을 텐데도 밥을 잘 드시지 못했다. 아주머니가 좀 더 먹으라고 권했지만 입맛이 없다면서 겨우 몇 숟가락 뜨고는 수저를 내려놓으셨다.

아저씨는 부모님과 지내는 것이 공부보다 중요하다며 오늘 저녁 공부는 생략하겠다고 하셨다.

"엄마, 여기 오시느라 무척 힘들었죠? 우리가 처음 올 때도 무지 힘들었는데. 그치? 형."

"그 정도는 힘든 것도 아니야. 너희가 여기서 고생하는 것보다 더 힘들겠니? 너희 친구들은 학교와 학원에 다니면서 열심히 공부하고 있는데, 너희는 이렇게 무사태평하게 지내는 것을 보니 걱정이 앞선다."

이렇게 말하자 민수 형이 대뜸 따지듯이 말했다.

"엄마가 그런 말씀 하실 자격은 없잖아요. 우리가 서울에서 힘들게 살 때 엄마는 어디에 계셨어요? 우리가 여기에 온 건 어쩔 수 없어서였어요. 서울에서 말썽만 일으키는 문제 아였거든요. 거기서 살아도 학원이니 학교 같은 거 꿈도 못 꿔요. 차라리 여기에 오기를 잘했지."

"그래. 내가 너희를 잘 돌보지 못해서 미안하구나. 너희 아빠와 살기 힘들어서 나왔다만, 엄마도 나름대로 억척스럽게 일해서 이제는 집도 마련했단다. 엄마는 너희를 데려가려고 찾아왔단다."

"야, 신난다! 그러면 이제 우리는 엄마 아빠랑 같이 사는 거죠?"

내가 흥분해서 말하자 어머니는 당황해 하며 대답하셨다.

"글쎄…… 아빠랑 같이 살기는 힘들 것 같다. 그 대신 우리 셋이서 살면 되지 않겠니?"

"왜 아빠랑 같이 살면 안 되나요? 엄마 아빠는 서로 사랑해서 결혼도 하고 우리 형제도 낳았는데, 왜 이제는 같이 살 수 없다는 거예요?"

민수 형이 따지듯 묻자 어머니께서 말하셨다.

"네 말이 맞다. 물론 사랑해서 결혼을 했지. 그리고 너희도 낳았고. 그런데 말이다. 네가 좀 더 커 보면 이해하겠지만 사랑이란 식을 수도 있고 실망감으로 바뀔 수도 있는 거야. 나와 너희 아빠는 이제 예전처럼 사랑하지 않기 때문에 같이 살기는 어렵단다."

"형, 엄마 따라서 서울로 올라가자, 응? 여기서 사나 서울에서 사나 아빠랑 떨어져 지내는 건 마찬가지 아냐? 난 엄마랑 같이 서울로 가고 싶어."

나는 형의 팔을 붙잡고 졸라 댔지만 민수 형은 침착하게 말했다.

"저는 여기서 많은 것을 배우고 있어요. 그리고 부부는 서로를 사랑해야 하고, 부모는 자식을 사랑해야 한다고 배웠어요. 그것이 사람의 도리이고 천리라고 아저씨한테 들었거든요. 저는 엄마 아빠가 왜 천리를 따르지 않느냐고 묻지는 않겠어요. 하지만 이런 경우에 어떻게 하는 게 옳은 건지 모르겠어요."

그러자 어머니가 딱 잘라 말하셨다.

"깊이 생각할 것 없다. 이제껏 너희 아빠가 너희한테 해 준 게 뭐가 있니? 나하고 같이 가는 것이 여기 사는 것보다, 또 아빠랑 같이 사는 것보다 나을 게다."

"물론 그럴 수도 있겠지요. 하지만 지금까지 우리를 키워 주신 분은 아빠예요. 서울에서 문제를 일으킬 때마다 학교로 파출소로 달려와 주신 분도 아빠였어요. 이곳에 와서 저는 참다운 행복이 무엇인지 깨달았어요. 비록 가난하더라도 하늘이 맺어 준 가족이 함께 오순도순 사는 것이 소중한 것 같아요. 우리 가족이 모여 살 수 없다면 엄마를 따라가지는 않겠어요. 제가 엄마의 입장을 완전히 이해하는 날, 그때 올라갈게요."

이번에는 나를 향해 한마디 했다.

"유수 너, 여기가 최고라고 하더니 엄마가 오셨다고 바로 태도를 바꾸면 되냐? 우리가 서울에 올라간다고 해서 크게 달라질 건 없어. 태극이를 봐라. 학교에 안 다니고 여기 살아

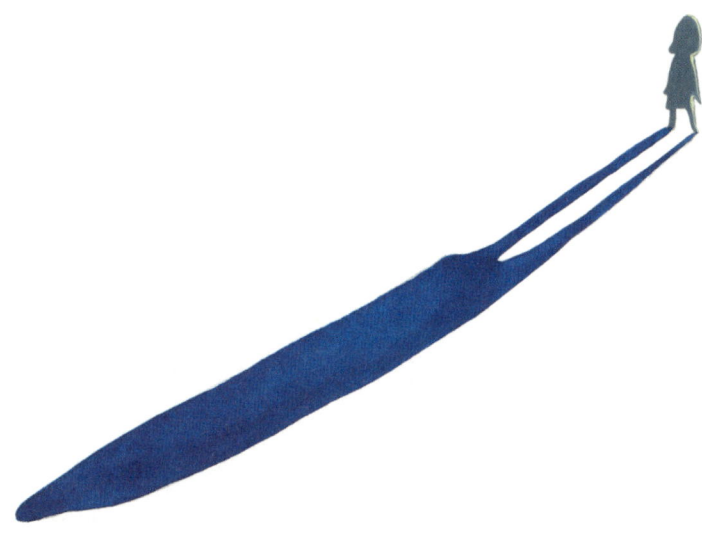

도 제 또래 아이들보다 아는 게 더 많잖아? 행동도 훨씬 어른스럽고."

"……."

"그래, 오늘 저녁에는 결론을 못 내리겠구나. 자고 나서 다시 생각해 보자."

어머니는 그렇게 말한 뒤에 입을 다무셨다. 그러더니 얼마 후 깊은 잠에 빠지셨다. 여기까지 오느라 많이 피곤하셨던 모양이다.

다음 날도 어머니는 우리를 서울로 데려가려고 설득했지만 소용이 없었다.

민수 형이 어머니를 따라가지 않으려는 데는 다른 이유

도 있는 것 같았다. 형은 서울에서 안 좋은 일을 많이 겪었기 때문에 한동안 불량배로부터 멀리 떨어져 있고 싶은 눈치였다. 오히려 이곳 생활을 더 좋아하는 것 같기도 했다. 서울에 살 때에는 무언가를 생각하고 깨닫는 경험을 해 본 적이 없었지만 이곳에서는 깊이 생각하고 실천하는 즐거움이 있기 때문이다. 그것이 형의 발목을 잡은 것이 분명했다.

며칠 후 어머니는 혼자서 산을 내려가셨다. 그러나 아무 소득 없이 쓸쓸히 돌아간 것은 아니었다. 우리가 어머니를 이해하게 되는 날 찾아가겠다고 약속했기 때문이다. 어머니도 우리를 위한 선물을 남겨 놓으셨다. 언젠가 아버지를 이해하게 되는 날, 모두 같이 살겠다고 약속한 것이다.

네 생각은 어때?

아저씨는 민수에게 천리를 실천하는 데에도 순서가 있다고 말했습니다. 그 순서란 무엇인지, 왜 그런 것인지 생각나는 대로 적어 보세요.

▶ 풀이는 178쪽에

> 철학자의 생각

삶의 나침판을 제시하다

성리학이라는 개혁 사상

중국의 역사에서 한나라 이후에는 유학의 영향이 약해지고 불교나 도가(도교) 사상이 유행처럼 번지기 시작했습니다. 불교는 잘 알다시피 인도에서 발생하여 중국에 전래된 것이고, 도교는 중국 춘추전국시대에 노자와 장자의 도가 사상과 민간 신앙이 혼합된 종교입니다.

불교나 도교에 담긴 심오한 철학은 지식인들의 호감과 사랑을 받았습니다. 특히 자연과 우주에 관한 인간의 지적 호기심과 갈증을 해소해 주었습니다. 반면 영향력을 잃은 유학 사상은 사회 제도에 잘 스며들지 못한 채 명맥만 유지하고 있었습니다. 유학이 제시하는 도덕 정신이 백성을 통치하는 데 쓰이려면 명확한 근거가 있어야 하는데, 성리학이 등장하기 전까지 유학은 그런 요구를 만족시켜 주지 못했습니다. 그러던 중 송나라는 야만스런 민족으로 여기던 금나라의 침략에 맞서기 위해 참인간과 야만인을 구별할 수 있는 관념이 요구되었습니다. 이렇듯 나라가 위기에 처한 상황에서 유학의 도덕 정신을 새롭게 정립한 성리학이 등장하자 사람들에게 인정받기 시작했습니다.

그러나 성리학이라는 학문이 널리 인정받은 가장 큰 이유는 살아가는 데 중요한 덕목을 제시했기 때문입니다. 다시 말해, 도덕 수양을 통해 올바르고 바람직한 사회를 이루고자 하는 성리학의 사상이 주목을 받게 된 것입니다.

고려 말 우리나라에 성리학이 들어오게 된 배경도 이와 비슷합니다. 원나라의 영향력이 약해져 가고 있을 때 신진사대부라는 지식 계층이 성리학을 적극적으로 받아들여 사회를 개혁하고자 했습니다. 그 결과 성리학 사상을 중시한 조선이라는 새 왕조가 탄생하게 되었습니다.

사물의 오묘한 이치를 밝히다

성리학에서는 '이(理)'와 '기(氣)'라는 개념으로 우주와 인간을 설명합니다. 즉 세상의 원리를 이 두 가지 요소로 해석하는 것입니다.

'기'란 사람의 마음이나 몸과 같이 보이거나 보이지 않은 물질과 그것이 일으킨 현상을 통틀어 이르는 말입니다. 그러니까 기는 사물의 재료가 되는 물질 또는 그 물질이 운동하는 에너지 같은 것입니다. '이'란 사물의 원리나 법칙을 이르는 말입니다. 나아가 도덕적인 원리나 정신까지도 여기에 포함됩니다. 이것을 '천리(天理)'라고도 합니다. 이러한 천리(원리, 정신, 법칙)는 기를 통하여 우리에게 드러난다고 합니다.

모든 사물에는 이 두 가지 요소가 함께 담겨 있습니다. 그렇다고 해서 서로가 구분되지 않게 섞여 있는 것도 아닙니다. 둘이면서 하나이고 하나이면서 둘인 것입니다. 이처럼 '이'와 '기'에 대한 여러 생각을 이기론(理氣論)이라고 합니다. 그런데 사물이 형체를 이루는 순서를 따져 보면 '이'가 '기'보다 우선합니다. 내용이 있어야 형식이 필요한 것과 같은 개념입니다. 그렇기 때문에 성리학은 '이'에 바탕을 둔 유교의 덕목을 영원한 진리로 여겼습니다. 대표적인 덕목으로는 부모와 자식, 임금과 신하, 남편과 아내, 윗사람과 아랫사람, 친구 관계의 도리를 정한 오륜(伍倫)이 있습니다. 이러한 유교적 덕목을 익히고 실천해야 사회가 안정될 수 있다고 믿었습니다.

인간의 본성은 착하다

유교에서는 인간은 본래 착한 성품을 타고났다고 생각합니다. 이때의 성품이란 세상에 오염되지 않은 순수한 성품을 말합니다. 예를 들어 인의예지(仁義禮智), 즉 어짊, 의로움, 예의바름, 지혜로움이 그러한 성품입니다. 이러한 성품은 하늘의 이치인 천리(天理)와 통하는 것입니다.

한편 인간에게는 타고난 성품 외에 기질이라는 성품도 지니고 있습니다. 이 기질은 살아가는 동안 혼탁해지기 때문에 본래의 타고난 착한 성품이 드러나지 못하게 합니다. 따라서 타고난 본래의 성품을 회복하기 위해 좋지 못한 기질을 바로잡는 일이 바로 유교의 덕목을 배우고 수양하는 일입니다.

이것이 가능한 철학적 근거가 '성즉리(性卽理)' 사상입니다. 인간의 성품이 곧 하늘에 이치라는 뜻인데, 다시 말해서 우주의 근원과 인간은 본질적으로 같다고 보는 생각입니다.

성리학에서는 이처럼 모든 인간이 근본적으로 착한 본성을 지니고 있기 때문에 누구나 성인이 될 수 있는 가능성을 갖고 있다고 보았습니다. 다만 착한 본성을 온전히 드러내기 위해서는 살아가는 동안 기질이 혼탁해지지 않도록 공부하고 실천하는 노력이 필요합니다.

즐거운 독서 퀴즈

1 다음은 민수가 주자의 사상을 배우고 생활 속에서 실천한 덕목입니다. 구체적으로 어떤 덕목이 발현된 것일까요?
( )

- 꿩의 알을 모두 가져가지 않고 한 개만 가져가자고 한 것
- 생명을 불쌍히 여겨 고사리를 꺾지 못한 것
- 잡아온 물고기를 도로 풀어 주라고 한 것

❶ 인(仁)   ❷ 의(義)   ❸ 예(禮)   ❹ 지(智)

정답

❶ 인(仁)

2 아저씨는 민수에게 '천리'를 다음과 같이 설명했어요. 괄호 안에 들어갈 적당한 말을 써 보세요.

"천리는 원래 하나지만 각각의 본분에 따라 다르게 나타난다고 말할 수 있다. 가령 어버이를 만나면 (   )가 될 것이고, 형제를 만나면 (   )가 될 것이며, 스승을 만나면 (   )이 될 것이다. 그 천리를 한마디로 말한다면 (   )의 이치라고 할 수 있지."

정답

효도, 우애, 공경, 사람

3 아래는 주자가 세상의 원리를 설명한 핵심 사상이에요. 괄호 안에 들어갈 알맞은 단어를 써 보세요.

❶ 사물의 원리나 법칙, 또는 도덕적인 원리나 정신을 (   ) 라고 한다.

❷ 사람의 마음이나 몸과 같이 보이거나 보이지 않은 물질과 그것이 일으킨 현상을 (   )라고 한다.

❸ 인간은 본래 착한 성품을 타고났으며 인간의 성품이 곧 하늘의 이치라는 사상이 (   )라고 한다.

정답

❶ 이(理)
❷ 기(氣)
❸ 성즉리(性卽理)

어려운 글도 백 번씩 읽으면
그 참뜻을 스스로 깨쳐 알게 된다.
　　－주자

3
가족의 행복이란 무엇일까?

천리란 뭘까? 인의예지는 또 뭘까?
아무리 설명을 들어도 주자의 말씀은 알쏭달쏭하군.
하지만 마음에 드는 말씀 하나는 있지.
모든 사람은 착한 성품을 지니고 있다는 것!
열심히 공부하면 문제아로 소문난 우리 형제도
착해질 수 있다고 하니까 안심이야.
그런데 공부는 어떻게 하는 거지?

인의예지는 사람다움이다

    봄에 태어난 병아리들은 어느덧 자라서 노란 솜털이 빠지고 흰 깃털이 삐죽삐죽 솟은 중닭이 되어 있었다. 어떤 녀석은 벌써 어미 닭처럼 갈색 깃털 옷으로 갈아입었다.

    이제 어미 닭은 새끼들을 돌보지 않았고, 병아리들도 어미를 따라다니지 않았다. 반면 꺼병이는 몸이 더 길쭉해졌고 털 빛깔은 여전히 갈색에 검은 반점이 얼룩얼룩했다. 녀석은 좀처럼 병아리들과 어울리지 못했고, 겁이 많아서 작은 소리에도 깜짝 놀라 도망치곤 했다.

    숲은 더욱더 울창하고 짙은 녹색을 띠었다. 밭에 심은 옥수수는 쑥쑥 자라 사람 키보다 커져 있었다. 텃밭의 고추는 바람이 불면 자꾸 옆으로 쓰러지려 했다. 우리는 막대기들을 가져다 고춧대 옆에 꽂고 노끈으로 묶어 주었다. 고춧대가 바람에 휘청대지 않는 모습을 보니 마음이 뿌듯했다.

다른 밭에서는 참외와 수박이 자라고 있었다. 참외는 이제 겨우 잎이 두세 장 나왔지만 수박의 덩굴 줄기는 제법 길게 뻗어 있었다. "올해는 너희 형제가 와서 특별히 수박이랑 참외를 심은 거야"라던 아저씨의 말씀이 떠올랐다.

그동안 한문 실력도 꽤 많이 늘었다. 이제는 한자를 쓰고 외우는 공부를 함께 하고 있지만 억지로 할 필요는 없었다. 시험을 보기 위한 공부가 아니라 생활 속에서 실천하기 위한 공부였기 때문이다. 하지만 배운 것을 실천하지 않으면 아저씨의 꾸지람을 들어야 했다. 형과 내가 다투거나 웃어른께 공손하지 못할 때, 게으름을 피우거나 생명을 함부로 해치는 경우에도 마찬가지였다.

한번은 아저씨가 우리를 꾸짖으시며 이렇게 말했다.

"사람이 사람다운 것은 인의예지를 갖고 있기 때문이다. 물론 그것이 천리이기 때문에 다른 동물들에게도 전혀 없다고 할 수는 없지. 하지만 사람은 다른 동물보다 훨씬 더 두뇌가 발달한 존재이기 때문에 인의예지를 더 잘 드러낼 수 있단다."

　민수 형과 내가 '인의예지'가 무엇인지 잘 모르겠다고 하자 아저씨는 자세히 설명해 주셨다.

　"인(仁)이란 어진 품성이고, 의(義)란 의로움이고, 예(禮)란 예의바름이고, 지(智)란 지혜로움이란다."

　형과 나는 국어사전을 펼쳐 '어질다'라는 단어를 찾아보았다. '마음이 너그럽고 착하며 슬기롭고 덕행이 높다'라고 되어 있었다. 설명은 쉽지만 구체적으로 어떤 행동을 '인'이라 하는지는 와 닿지 않았다. 다시 아저씨에게 여쭤 보았지만 소용이 없었다.

　"그건 너희들이 풀어야 할 숙제다. 몸으로 경험해서 깨달아야 알 수 있단다."

　우리는 인, 의, 예, 지를 하나씩 풀어 보기로 하고, 태극이에게 '인'에 대해 물어 보았다.

　"얼마 전에 형이 고사리를 꺾을 때 마음이 아프다고 했지? 그리고 꿩 알을 주울 때 어미 꿩의 마음을 헤아렸잖아. 그리고 나와 유수가 가재와 어린 물고기를 잡아 왔을 때에도 가재만 구워 먹고 물고기는 살려 주자고 했잖아. 그게 모두 생명을 사랑하는 마음이야. '어질다'는 것은 그런 마음의 덕성을 말하는 거야."

그러자 민수 형은 밝은 표정으로 말했다.

"아, 그래서 생명을 해치는 사람한테 짐승만도 못하다고 하는구나. 그렇다면 '인'을 다른 말로 하면 '사랑'이 아닐까? 그것을 천리라고 할 때는 '사랑의 이치'라고 할 수 있겠지. 사람의 입장에서 말한다면 '마음의 덕성'이고. 도시에 살 때 남을 괴롭히던 내가 그걸 깨닫게 되다니, 참으로 놀랍다. 모든 것을 사랑의 눈으로 대해야 한다는 것 말이야."

우리는 또 의(義)라는 덕성에 대해 연구했다. '의'라는 한자는 옳고 바른 것을 뜻하며, 이것을 의로움이라고 한다. 하지만 나는 어떤 경우를 뜻하는지 이해할 수 없었다. 민수 형은 뭔가 결심한 듯 아저씨에게 여쭤 보았다.

"저는 서울에 살 때 걸핏하면 친구들과 싸우고 나쁜 형들과 어울려 다니며 도둑질과 강도짓을 했어요. 이런 행동은 의롭지 못한 것이지요?"

아저씨는 지그시 미소 지으며 말하셨다.

"자신이 저지른 과거의 잘못으로 의로움을 생각해 보았구나. 주자께서는 '일의 앞뒤 사정을 따져서 마땅하다고 생각되는 것'이 의로움이라고 하셨다. 이 점을 생각해 보거라."

이번에는 '마땅함'이라는 표현이 문제였다. 다시 국어사전을 찾아보니 '적합하다', '합당하다', '당연하다', '정당하다'라는 말과 비슷한 뜻이었다. 그러자 의롭게 행동한다는 것은 '이치를 따져서 적합하거나 합당하거나 당연하거나 정당한 행동을 하는 것'이라는 결론이 나왔다.

민수 형은 다시 아저씨께 여쭈어 보았다.

"예전에 제가 한 행동은 의롭지 못했어요. 그런데 주자의 말씀에 따르면 모든 사람에게 인의예지가 있는 것이잖아요? 제게 의로움이 있었다면 어째서 나쁜 짓을 한 거죠?"

아저씨가 고개를 끄떡이며 말하셨다.

"좋은 질문이다. 분명히 주자께서는 사람은 모두 인의예지를 갖고 있다고 하셨지. 하지만 그런 천리를 품고 있다고 해서 모두가 착하게 살아가는 것은 아니란다. 그러한 행동이 발휘되지 못하게 만드는 기질이나 환경 때문이지. 주자는 그것을 '기(氣)'라고 하셨다. 네가 서울에서 살 때 나쁜 형들이랑 어울려 못된 짓을 하게 된 데는 여러 이유가 있었겠지. 어머니가 안 계시고 형편이 어려운 것도 그런 이유일 테고. 그런 환경 때문에 혼탁해진 네 기질이 의로움이 발휘되지 못하게 한 것이란다."

"그러면 제 성격이나 환경을 고치면 인의예지를 깨달을 수 있다는 말씀이신가요?"

"그렇지. 그게 바로 기질을 바꾸는 일이다. 기질이란 저절로 바뀌는 것이 아니라 좋은 환경에서 공부와 수양을 통해 고쳐 나가는 것이다. 네가 여기에 와서 달라졌듯이 말이다."

아저씨가 칭찬을 하시자 민수 형은 쑥스러운 듯 머리를 긁적이며 말했다.

"제가 여기 와서 바뀐 게 있나요? 별로 바뀐 건 없는 것 같은데요."

그러자 아저씨는 고개를 저으면서 말하셨다.

"아니다. 너희 어머니가 와서 서울로 같이 가자고 했을 때, 너는 '가족이 다 같이 살지 않으면 안 가겠다'고 하지 않았느냐? 이기적인 마음으로 너 혼자 잘살기를 바랐다면 어머니를 따라갔겠지. 하지만 너는 가족이 함께 모여 사는 것이 마땅하다고 생각해서 그런 결정을 내린 것이지. 이것은 네가 이미 가족의 문제를 올바르게 판단했다는 증거다."

"제가요?"

민수 형은 겸연쩍어하며 머리를 긁적였다.

"그렇지만 지금부터 시작일 뿐이다. 너는 이제 겨우 마음

속에 있는 천리를 조금 깨달았을 뿐이다. 앞으로 그 천리를 더욱 발전시켜 나간다면 훌륭한 사람이 될 수 있을 게다. 그것이 바로 너희 아버지가 너희를 내게 맡긴 이유이니라."

아, 형이 자신도 모르는 사이에 인의예지 가운데 인과 의를 실천하고 있었다니, 참으로 신기한 일이었다. 나는 형이 어쩌면 예의와 지혜로움이라는 나머지 덕목도 실천하고 있는 게 아닐까 생각했다.

그런 형의 모습을 통해 나는 공부라는 게 학교에서 배우는 게 전부가 아니라는 것을 깨달았다. 그리고 참다운 인간이 되기 위해선 배워야 할 게 많다는 것도 깨달았다.

그날 이후로 민수 형은 더욱 '공부'에 매달렸다. 민수 형의 그런 모습을 지켜본 아저씨는 민수 형에게 오후 시간에는 일하지 않고 집에서 공부할 수 있도록 허락해 주셨다.

하지만 나는 여전히 공부에는 관심이 없었다. 태극이와 함께 산에 다니면서 주워듣는 풀과 나무 이야기가 더 솔깃했다. 그리고 보면 산골에서 살면서 자연에 대해 깨닫는 것도 공부가 아닐까 생각했다.

그러던 어느 날 태극이한테 궁금한 게 생겼다.

"생각해 보니까 네 이름이 참 특이한 것 같아. 우리나라 국

기인 태극기랑 같은 뜻인가?"

"응, 맞아."

"야, 멋진 이름이구나. 근데 '태극'이 무슨 뜻이지?"

"주자의 중요한 이론을 표현하는 말이래."

"뭐? 주자의 학문에서 따왔다고? 야, 태극기하고 주자의 학문이 무슨 상관이냐? 정말 웃긴다."

태극이는 살짝 얼굴을 붉혔지만 차분히 설명했다.

"주자의 학문에 태극의 이론이 있어. 태극기의 주변에 있는 막대 모양의 문양 있지? 그건 바로 『주역』이라는 책에 있는 '괘'라는 거야. 훗날 태극기를 만든 사람이 태극 이론의 심오한 뜻을 담아 태극기를 만든 거야."

"그럼 지금 우리가 사용하는 태극기 문양을 주자가 만들었다는 말이냐?"

"그렇지는 않아. 다만 태극의 이론이 그렇다는 거지. 태극기의 문양은 주자가 태어나기 전, 그러니까 우리나라 통일 신라 당시에도 있었대."

"그렇구나. 우리 집안이 정말로 주자의 후손인가 보구나."

"응, 아버지는 할아버지께 주자의 학문을 배우셨고, 할아버지는 증조할아버지께, 또 증조할아버지는 고조할아버지께 배우셨대. 그런 식으로 계속 올라가면 그 끝에 주자가 계시겠지."

"야, 놀랍다. 하지만 태극이 무슨 뜻인지는 여전히 모르겠는걸?"

태극이가 또박또박 말했다.

"태극이란 천리의 다른 말이야. 천리의 종류가 하도 많으니까 하나로 묶어서 태극이라 부른 거지. 그러니까 세상 만물에 태극이라는 천리가 들어 있다고 생각하면 돼. 네 마음에도, 내 마음에도, 또 저 나무에도, 물에도……. 그 안에 태극이 있기 때문에 만물은 하나가 되는 것이지. 그리고 세상이 생기기 전에 이 태극이 먼저 있었다고 해."

나는 도무지 태극이의 설명을 이해할 수 없었다.

"아휴, 머리 아파! 그만 해라. 난 무식해서 뭔 소린지 통 모르겠다. 냄새도 없고 소리도 없고 눈으로 보이지도 않는 태극이란 게 어떻게 세상 만물에 있다는 거냐? 내 머리로는 도저히 이해가 안 된다. 참 주자님도 별난 분이셔. 어떻게 보이지도 들리지도 않는 태극이 있다고 하시는 건지……."

태극이는 설명을 멈추지 않았다.

"너는 사랑이 눈에 보이니? 사랑은 보이지 않지만 사랑하

는 마음은 느낄 수 있잖아. 미움은 눈에 보이니? 미움도 보이지는 않지만 미워하는 사람의 눈초리와 거친 말투나 행동으로 알 수 있잖아. 그러니까 어떤 것이 눈에 직접 보이지 않는다고 해서 없다고 할 수는 없지."

"그래도 난 눈에 안 보이면 없는 거라고 생각해. 사람들이 자기 마음속에 있는 감정에 이름을 붙인 거지. 하여튼 모르겠다. 그런 거 따져서 뭐 하니? 바르게만 살면 되지."

나는 기가 질려서 더 이상 태극에 대해 알고 싶지 않았다.

네 생각은 어때?

태극이의 이름에는 무슨 뜻이 담겨 있나요? 태극이와 유수가 나눈 대화를 잘 생각하며 적어 보세요. ▶풀이는 179쪽에

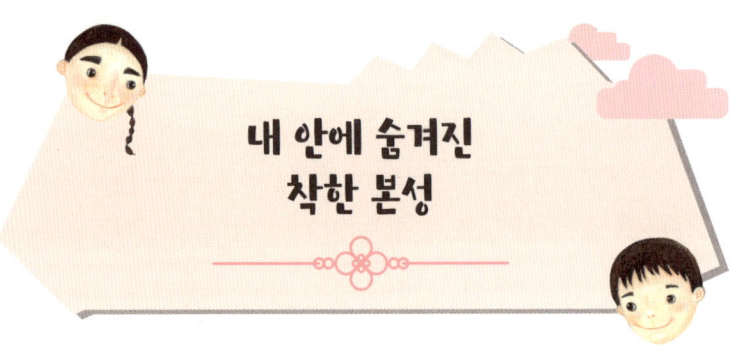

내 안에 숨겨진 착한 본성

　앞산과 뒷산에서 아침부터 매미가 경쟁하듯 울어 댔다. 옥수수는 거의 다 자라 줄기 사이사이로 볼록한 열매가 보이기 시작했다. 봄에 심은 콩은 어른 허리만큼 자라서 작은 연두색 꽃을 피웠다. 며칠 전까지 비가 많이 와서 그런지 개울물 흐르는 소리가 힘차게 들렸다.

　오늘은 전에 없던 일이 일어났다. 이 깊은 산골까지 우체부 아저씨가 편지 한 통을 가지고 온 것이다. 우체부 아저씨한테 편지를 받아 보기는 난생처음이다. 이게 다 핸드폰을 사용할 수 없는 산골이기 때문이었다. 편지는 서울에 있는 어머니가 민수 형에게 보낸 것이었다.

민수 보아라.

이제 완전한 여름이구나. 여긴 날씨가 무척 더운데, 거기는 어떠니?

너희와 헤어져 서울에 온 뒤로 줄곧 마음이 편치 않았단다. 너희가 서울에 와서 다시 공부를 하길 바랐는데……. 네가 원치 않는다니 어쩔 수 없이 돌아왔지만, 마음이 무거웠단다.

너는 우리 가족이 함께 살 수 있다면 서울로 올라오겠다고 했는데, 아무리 생각해도 그건 불가능할 것 같다. 엄마는 너희와 같이 살고 싶을 뿐이란다. 물론 네 아버지와 나는 서로 사랑해서 결혼했단다. 하지만 불행하게도 그 사랑은 오래 갈 수 없었어.

이렇게 된 데는 나의 잘못도 있겠지. 내가 너희를 두고 집을 나온 일은 정말 미안하다. 하지만 시간이 많이 흐른 지금은 예전으로 돌아갈 수 없게 되었어. 그건 너희 아버지도 마찬가지일 거야. 엄마는 부모로서 역할을 다하는 것만큼이나 나 자신의 인생도 중요하다고 생각해. 더 이상 내 인생을 헛되이 살고 싶지 않은 거란다. 네가 좀 더 크면 이런 엄마의 마음을 이해해 줄 거라 믿어.

엄마는 올가을에 재혼할 생각이야. 물론 너희 아버지가 이혼을 승낙하면 말이다. 하지만 재혼을 하더라도 나는 여전히 너희의 엄마라는 점을 기억해 다오. 답장을 기다리마. 동생 잘 보살피고 더운 날씨에 건강 조심하렴.

편지를 읽는 동안 민수 형의 손이 부르르 떨렸다.
"언젠가 우리 가족이 함께 모여 살 수 있을 거라 생각했는데, 엄마의 편지를 보니 어려울 것 같아. 엄마는 자신의 인생만 소중히 생각하는 것 같아."
민수 형은 이렇게 말하며 편지를 내게 건네주었다. 내가 다 편지를 읽고 나자 형이 말했다.
"아저씨는 우리한테 부모는 부모답고, 남편은 남편답고, 아내는 아내답고, 자식은 자식답게 사는 것이 천리라고 하셨어. 그런데 엄마는 부모의 역할이나 아내의 역할을 다하지 않으려 하는 것 같아서 실망이야."
민수 형은 마음이 답답해서 견딜 수 없다는 듯이 곧바로 어머니께 편지를 썼다.

어머니, 편지 잘 받아 보았어요.
우리를 사랑하시는 어머니의 마음은 알고 있어요. 하지만 우리 가족이 다 같이 살 수 없다는 말에 가슴이 아팠어요. 아직도 아버지를 용서하지 못하신 것 같아서 슬프기도 해요.

하지만 두 분은 부부 사이잖아요? 어머니와 아버지 사이에서 저희가 태어났고요. 저는 부부와 자식은 하늘이 맺어 준 인연이라고 배웠어요. 그리고 부부와 자식이 서로 화목하게 사는 것이 천리를 따르는 일이라고도 배웠고요. 그런데 어머니는 그런 천리를 저버리고 자신만의 행복을 찾겠다고 하시는군요.

물론 개인의 행복을 찾으려는 것을 비난할 수는 없겠지요. 하지만 개인의 행복을 위해 가족을 버리는 것은 욕심이 아닐까요? 저는 가족 모두가 행복해지기를 원해요. 그리고 어머니에겐 가족의 행복에 대한 책임이 있다고 생각해요. 그래서 어머니의 결정을 이해할 수 없어요.

감히 제가 이런 말씀을 드리는 것을 용서해 주세요. 하지만 옛날에는 부모님이 정해 준 배우자와 죽을 때까지 같이 살았다고 하잖아요. 함께 살아가는 동안 갈등도 많았겠지만 그래도 다들 인내하면서 살았잖아요. 우리도 그렇게 살다 보면 행복한 날이 오지 않겠어요?

우리가 서울로 가면 어머니는 우리를 키워 주시고 학교도 보내 주시겠지요. 하지만 그것을 어찌 행복한 가정이라 하겠어요? 제가 바라는 것은 어머니가 아버지와 화해하시고 우리 가족이 함께 모여 오순도순 사는 거예요. 하루빨리 그날이 오기를 기대

할게요.

　　더운 날씨에 몸조심하세요.

　형은 단숨에 편지를 썼지만 당장 부칠 수는 없었다. 편지를 부치려면 읍내까지 한참을 걸어가야 했기 때문이다.
　다음 날, 형은 아저씨께 말씀드리고 아침 일찍 읍내로 가서 편지를 부치고 오후가 되어서야 돌아왔다. 형이 너무 지쳐 있었기 때문에 저녁 시간 공부는 쉬기로 했다.
　무더운 여름이었지만 이곳 산골에서는 해가 지고 어둑해지면 시원했다. 태양이 내리쬐는 낮에도 그늘에 앉아 있으면 별로 덥지 않았다. 우리는 일을 하다가 땀이 흐르면 차가운 물이 흐르는 계곡에 가서 물놀이를 했다. 도시 사람들은 더위를 피해 산으로 바다로 떠나지만 여기서는 더위를 피할 필요가 없다.
　다음 날 아침, 우리는 아저씨께 인간의 '본래 성품'과 '기질의 성품'에 대해 배웠다. 본래 성품이란 우리가 태어날 때부터 지니는 것이고, 기질의 성품은 살면서 변화되는 것이라고 했다.
　아저씨가 민수 형에게 물었다.

"인간이 하늘로부터 받은 성품에는 어떤 것들이 있다고 했지?"

"인의예지가 있다고 하셨습니다."

"그래, 인의예지와 같은 성품이 바로 인간이 타고난 '본래 성품'이다. 순수한 천리라고 말할 수 있지."

민수 형이 물었다.

"그런데 세상에는 나쁜 사람도 많잖아요. 왜 모두가 자기의 타고난 좋은 성품을 발휘하지 못하나요?"

"좋은 질문이다. 맑고 깨끗한 성품을 잘 간직하지 못해서 그렇단다. 모든 사람이 인의예지를 타고났다고 해도 살아가는 동안 욕심을 부리다 보니 기질이 혼탁해지는 것이지. 그런 기질에 가려져서 순수한 성품이 제대로 발휘되지 못하는 거란다."

민수 형이 또 물었다.

"기질이 혼탁해진 사람은 되돌아갈 수 없나요?"

아저씨가 고개를 끄덕이며 또박또박 말하셨다.

"음, 사람은 말이다. 육체를 지니고 있기 때문에 기질의 영향을 받게 마련이란다. 배고프면 먹고 싶고 추우면 옷을 입고 싶은 것처럼 육체가 욕구를 일으키기 때문이지. 그러나 이런 욕구 자체가 나쁜 것은 아니란다. 다만 욕구가 지나쳐서 욕심이 되지 않도록 수양을 해야 한단다."

"수양이라고요? 수양은 어떻게 하는 것이죠?"

"설명하기 좀 어렵긴 한데……. 우선 자기 마음속에 자리하고 있는 착한 성품을 깨닫는 것이 중요하지. 자기 안에 인의예지가 있음을 알고 난 뒤에는 그러한 성품을 잃지 않도록 잘 유지해야 한다. 어떠한 행동을 한 후에는 반드시 되돌아보고 잘못이 없는지 살펴보아야 한다. 누가 보지 않아도 실천할 줄 알아야 하지. 이때 중요한 것은 항상 방심하지 않고 깨어 있어야 한다는 것이다."

"아, 생각보다 어려운 일이군요. 마치 도를 닦는 수도승 같아요."

"하하, 그렇긴 하구나. 하지만 수양이라는 것은 하루아침에 이루어지는 게 아니다. 하루하루 실천하려고 노력하는 게 수양이란다. 그러다 보면 자기도 모르는 사이에 순수한 성품이 드러나게 될 것이다."

교과서와 문제집을 가지고 공부하지 않을 뿐, 우리는 이곳에서 도시 아이들 못지않게 열심히 공부를 했다. 특히 민수 형은 아침이나 저녁이나 공부에 빠져 있다. 잘못이 크면 뉘우침도 크다고 했던가? 민수 형은 이곳에 와서 바른 사람이 되려고 무척 애를 쓰는 것 같다.

언젠가 형은 내게 이렇게 말했다.

"사람이 처음부터 나쁜 것이 아니라 자기 마음속에 있는 선한 성품을 깨닫지 못해서 잘못을 저지르게 된다는 말이 마음에 들어. 내 안에 이런 따뜻하고 착한 마음이 있는 줄은 미처 몰랐거든. 역시 아버지가 우리를 여기로 보내신 건 탁월한 선택인 것 같아."

민수 형은 깨달음을 얻어 가는 과정에서 행복을 느끼는 것 같았다.

네 생각은 어때?

아저씨는 모든 인간이 순수한 성품인 '본래 성품'을 타고나며, 그것이 '인의예지'라고 했습니다. 그런데 왜 사람들은 타고난 성품을 그대로 발휘하지 못할까요? 민수와 아저씨의 대화를 잘 생각하며 적어 보세요.

▶풀이는 180쪽에

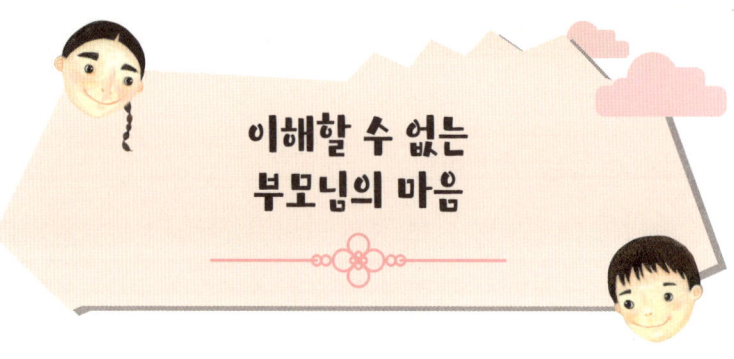

이해할 수 없는 부모님의 마음

 뜨겁던 여름이 막바지에 이르자 아침저녁으로 서늘한 바람이 불어왔다. 어느새 옥수숫대 꼭대기에는 큼직하고 튼실한 옥수수 열매가 맺혀 있었다. 우리는 옥수수수염을 만져 보고 잘 익은 것을 골라서 따왔다. 아주머니가 쪄 주신 옥수수를 먹어 보니, 도시에서 사 먹을 때보다 훨씬 맛이 좋았다. 우리가 직접 씨앗을 뿌려 키운 것이라 더 맛있는 것 같았다.
 봄에 알에서 깨어난 병아리들은 어느덧 다 성장하여 머리 위에 붉은 벼슬을 달고 어슬렁거리고 있었다. 닭들 사이에서 꺼병이 모습은 이제 찾아볼 수 없다. 한동안 다른 병아리들을 따라다니던 녀석은 날이 갈수록 혼자 떨어져 지내더니, 어느 날 숲 속으로 떠나 버렸다. 야생의 본능은 어쩔 수 없었나 보다. 그물을 쳐 두었다면 끝까지 기를 수 있었을 테지만, 숲으로 돌아간 것이 잘된 일이라는 생각이 들었다. 꿩이 살아야 할 터전으로 갔으니 말이다.

수박과 참외는 열매를 맺은 뒤에 씨앗을 남겼다. 우리는 수박과 참외를 심었던 밭을 갈고 무와 배추를 심었다. 추석을 앞두고 밤나무에서는 올밤이 벌어지기 시작했다.

봄과 여름을 지내고 나자 민수 형과 나의 피부는 검게 그을린 게, 영락없는 시골 소년이 되어 있었다. 이제는 한문 실력도 꽤 늘어서 쉬운 문장은 읽고 해석할 수 있게 되었다. 민수 형은 스스로 알아서 공부했고, 나는 그런 형을 보고 따라한 것이다. 누가 시켜서 했다면 이 정도 실력을 얻지 못했을 것이다.

나와 동갑인 태극이는 훨씬 실력이 좋았지만, 그런 태극이한테 경쟁심이 생겨서 더 열심히 공부하기도 했다. 나는 원래 남에게 지기 싫어하는 성격이기 때문이다.

아저씨는 말보다 실천을 중요하게 생각하셨다. 그 때문에 우리는 각자 해야 할 일을 게을리 하지 않았고 집안일도 열심히 도왔다. 어떤 일을 할 때 주변을 살피고 남을 배려하는 습관도 갖게 되었다. 그러다 보니 형과 나는 한 번도 다투지 않았다.

민수 형이 어머니께 편지를 보낸 지 한 달이 넘었지만 어머니한테서는 아무런 소식이 없었다. 결국 어머니가 가족의 행복 대신 자신의 행복을 찾기로 결정했구나 하는 생각에 왠지 마음이 쓸쓸했다. 그러자 아버지가 보고 싶어지고, 기수와 기수 어머니도 그리웠다.

그러던 중 추석을 며칠 앞둔 어느 날, 뜻밖에도 아버지가 내려오셨다. 우리가 입을 옷 선물을 한 아름 안고서 대문으로 들어서는 아버지를 보자 형과 나는 뛸 듯이 기뻤다.

그날 밤, 우리는 그동안 있었던 일들을 아버지에게 들려주느라 시간 가는 줄 몰랐다. 잠들기 전, 민수 형은 조심스레 어머니가 찾아왔던 사실을 털어놓았다.

아버지는 태연히 대답하셨다.

"나한테도 왔었다."

"무슨 일로 오셨대요? 혹시……."

"같이 살자고 찾아온 건 아니다. 이혼해 달라고 찾아왔더구나. 그리고 너희를 자기가 데려다 키우겠다고 하더라. 민수 네 생각은 어떠냐? 엄마랑 같이 살고 싶은 맘이 있냐?"

아버지가 묻자 민수 형이 대답했다.

"엄마는 제게도 그렇게 물어보셨지만, 저는 우리 식구가 모두 모여 살기 전에는 안 가겠다고 했어요. 유수는 따라가고 싶어 했지만 제가 안 간다니까 자기도 안 가겠다고 했어요. 아빠도 엄마와 이혼하실 작정이세요?"

"내 생각을 말하기 전에 우선 너희 생각부터 듣고 싶구나. 한번 말해 보렴."

"저는 두 분 이혼하는 게 싫어요. 이혼하면 법적으로 남남이 되잖아요? 그리고 나중에 엄마의 편지를 받고 알았는데, 어머니는 다른 분하고 결혼하실 모양이에요."

"그래. 나도 들었다. 난 그래도 같이 사는 날이 오지 않을까 하고 이혼을 미루어 왔단다. 하지만 더 이상 사랑하는 마음이 없는데 어떻게 함께 살겠니? 편하게 새사람 만나 행복하게 살게 해 줘야지."

민수 형은 부르르 떨면서 아버지에게 따졌다.

"말도 안 돼요. 엄마가 요구한다고 해서 그냥 이혼하시겠다는 거예요? 적어도 가족이 헤어지지 않으려는 노력은 해 봐야죠. 같이 살자고 엄마를 설득해 보셨어요?"

"설득은 무슨, 헤어져 산 지가 얼마나 됐는데. 이제 와서 어떻게 되돌릴 수 있겠니? 그리고 나는 너희 엄마가 행복하게 살기를 바란다. 가족이 함께 사는 것도 중요하지만 그럴 수 없다면 각자의 행복을 위해 헤어질 수밖에 없지 않겠니?"

아버지는 침착하게 말했다.

민수 형은 어이가 없다는 듯 이렇게 말했다.

"아, 정말 어른들의 마음을 이해할 수 없어요. 어떻게 헤어진다는 말씀을 그렇게 쉽게 할 수 있어요? 개인의 행복을 위해 가족의 행복은 무시해도 된단 말씀이에요? 가족을 위해 개인의 행복을 양보하거나 희생해야 하는 것 아닌가요? 타인을 배려하지 않고 자기의 행복만 추구하는 것은 지나친 욕심이고 천리에 어긋나는 일이잖아요."

민수 형의 논리 정연한 주장에 아버지는 더 이상 아무 말도 하지 못했다. 우리 사이에 침묵이 흘렀다. 나는 마음이 불편해서 바로 잠들지 못하고 뒤척였다. 가을을 알리는 풀벌레들의 울음소리가 자연의 슬픈 교향악같이 느껴졌다.

다음 날 아침 일찍 아버지는 서울로 떠나셨다. 아무런 말도, 아무런 약속도 없었다. 그저 열심히 공부하고 다음에 건강한 모습으로 만나자는 말만 남기셨다.

민수 형, 주자의 학문에 빠져들다

　가족이 모여 즐겁게 지내야 하는 명절이었지만 우리의 추석은 쓸쓸했다. 그리 즐겁지 않은 추석이 지나자 가을은 빠르게 다가왔다. 아침저녁으로 공기가 제법 싸늘해지더니, 앞산과 뒷산에서는 툭툭 알밤 떨어지는 소리가 들려왔다. 그것은 알밤이 자기를 낳아 준 엄마의 품을 떠나 새로운 삶을 개척하러 가는 소리였다. 숲 속의 성미 급한 나무는 벌써부터 붉은 단풍잎을 드러내기도 했다.
　아저씨와 아주머니는 매일 산에 올라가 버섯과 약초를 캐느라 분주하셨다. 나도 약초를 캐기 위해 태극이를 따라다니면서 가을에 열리는 여러 가지 열매를 맛볼 수 있었다. 그중에서도 머루랑 다래라는 열매를 실컷 따먹을 수 있었다.

요즘 민수 형은 일하는 시간보다 공부하는 시간이 더 많아졌다. 오후에는 아예 방에 틀어박혀 책만 읽었다. 민수 형이 공부에 깊이 몰입하자 아저씨는 아예 일하는 시간에도 공부할 수 있도록 허락해 주셨다.

민수 형은 한문만 공부하는 것이 아니었다. 가끔 읍내에 나가서 고등학생들이 읽는 책을 사 오기도 하고 초보적인 철학, 문학, 역사에 관한 책도 구해 읽었다.

우리가 배운 주자학은 중국 송나라 때 완성되었고 우리나라에서는 조선시대에 꽃을 피운 학문이다. 형은 그런 과거의 학문만으로는 지금의 세상을 다 이해할 수 없다고 판단했는지, 21세기의 지식을 파고들기 시작했다.

한동안 책 속에 파묻혀 지내던 형은 새로운 사실을 많이 알게 되었다고 했다. 특히 인간은 누구나 행복을 추구할 권리가 있으며 개인의 자유에 대해 많은 것을 깨달았다고 했다.

아저씨도 민수 형에게 폭넓은 독서와 배움을 권장하셨다. 산골에서 고전을 공부한다고 해서 생각까지 옛날 것을 고집할 필요는 없다는 것이다. 물론 이 경우에도 아저씨는 민수 형 스스로 깨달을 수 있도록 이끌어 주었다. 스스로 깨닫는 것이야말로 참다운 앎이라는 게 아저씨의 교육 철학이기 때문이다.

사람은 누구나 새로운 어떤 것을 알게 되었을 때 마치 그것이 전부인 양 함부로 말할 때가 있다. 형과 나는 이번 여름에 그런 경험을 한 것 같다. 우리는 아버지와 어머니의 심정이나 입장을 헤아리지 않고 가정이라는 보금자리를 지키는 것만을 중요하게 생각한 건 아닐까?

우리는 오랫동안 어머니와 떨어져 살았지만 언젠가 어머니가 돌아올 거라는 소망을 품고 있었다. 하지만 이제 그 소망은 헛된 것이 되고 말았다. 어느 날 민수 형이 내게 말했다.

"가족을 떠나서 새로운 삶을 시작하는 것이 엄마가 원하는 행복일까? 도대체 그 행복이 무엇인지 궁금해. 그리고 더 이해할 수 없는 것은 아빠의 생각이야. 아빠는 엄마의 행복을 위해 이혼해 주겠다고 했는데, 도대체 아빠가 바라는 엄마의 행복이란 무엇일까?"

마당에서는 닭들이 모이를 쪼아 먹고 있었다. 삐약삐약 거리며 어미 닭을 따라다니던 병아리들이 어느덧 다 자라서 독자적으로 생활하고 있었다. 어미 닭은 다 자란 자식들이 모이를 먹으러 다가오면 부리로 쪼아 쫓아냈다. 이제 자식이라기보다는 어른 닭으로 대하는 것 같았다. 그게 자연의 섭리인가 보다.

민수 형이 내게 말했다.

"저 닭들을 보니 부모님을 조금 이해할 수 있을 것 같아. 엄마가 어린 우리를 두고 집을 나가셨을 때는 버림받았다고 생각했지만, 지금 생각해 보니 엄마는 어쩔 수 없었던 거야. 더 이상 아빠와 함께 살 수 없었기 때문이었던 거지. 병아리가 자라서 어미 닭이 되는 것처럼 우리도 어른이 되면 부모님의 마음을 알 수 있겠지?"

형은 그 뒤로도 가끔 읍내에 가서 책을 사 왔고, 읽고 나서는 그 내용을 나에게 설명해 주곤 했다.

"이 책에는 사람의 권리는 하늘이 준 것이기 때문에 누구도 빼앗을 수 없다고 쓰여 있어. 그리고 남자와 여자는 평등하며, 누구나 존중받아야 할 인격을 갖고 있다고 주장하고 있어. 그래서 나이나 학력과 상관없이 남녀노소 누구나 차별을 받아서는 안 된다는 거야."

형은 그렇게 많은 책을 읽으면서 부모님을 이해하기 위해 노력했다. 하지만 아직 어머니를 완전히 이해할 수는 없는 듯했다. 형이 읽은 책에서는 개인의 권리와 자유가 중요하다고 주장하고 있지만, 우리 가족의 문제는 우리가 고민하고 풀어야 할 문제였으니까.

 형과 내가 부모님을 이해하려면 아무래도 시간이 걸릴 것 같았다.

철학자의 생각

인간의 본성을 되찾는 방법

사람과 동물의 차이점은?

성리학에서는 인간뿐만 아니라 모든 사물에도 하늘이 부여한 이치인 천리(天理)가 깃들어 있다고 생각합니다. 이것을 다른 말로 '태극(太極)'이라 합니다. 따라서 우주는 하나입니다. 하나의 태극으로 이루어져 있으니까요.

그렇지만 실제로 보면 그렇지 않은 것 같습니다. 예를 들어 사람과 동물은 제각기 다른 모습 다른 방식으로 살아가고 있습니다. 이런 것을 성리학에서 어떻게 설명할까요?

'이치는 하나이지만 분야에 따라 달라진다'라는 뜻의 이일분수(理一分殊)라는 사상에 그 답이 있습니다. 즉 모든 사물에는 공통점인 '하나의 이치(이일)'가 있고, 차이점인 '다른 것으로 나뉨(분수)'

이 있다는 것입니다. 좀 어려운 말로 하면 공통점은 '보편성'이라고 하고 차이점은 '특수성'이라고 합니다. 그러니까 사람과 동물 사이에는 공통점과 차이점이 있으며, 태극은 바로 공통점이라 할 수 있습니다.

다만 사람의 기질은 동물보다 맑고 깨끗하기 때문에 보편성인 태극을 잘 발휘할 수 있습니다. 이 점이 사람과 동물의 차이점입니다. 우리는 도덕적이지 못한 행동을 하는 사람을 향해 '짐승만도 못하다'라고 표현합니다. 이 표현에는 인간과 동물의 차이점을 강조한 성리학적 사고가 담겨 있습니다.

욕망을 절제하는 노력이 공부다

성리학에서 말하는 '공부한다'는 것은 앎과 행동이 일치되도록 노력하는 것을 말합니다. 따라서 책을 읽고 지식을 쌓는 것보다 훨씬 넓은 것을 의미합니다.

이런 공부를 하는 까닭은 자기의 마음속에 있는 인간의 선한 본성을 깨우치고 밖으로 드러나게 하기 위한 것입니다. 그러려면 방해가 되는 욕심이 일어나지 않게 주의를 기울여야 합니다. 즉 마음속의 천리를 깨닫고 욕심을 제거하고자 노력하는 과정이 바로 '공부'인 것입니다.

그렇다면 인간의 욕심은 어디에서 발생하는 것일까요?

그 욕심은 육체를 가진 존재라는 데서 비롯되는 것입니다. 우리는 몸을 지니고 있기 때문에 더 맛있는 것을 먹고 싶고, 더 편안한 생활을 하고 싶은 욕심이 생기게 마련입니다. 이러한 욕심은 매순간 샘솟기 때문에 한순간의 노력으로는 끊어지지 않으며, 끊임없이 덜어내는 노력을 해야 합니다. 그런 중단 없는 '공부'를 실천해야 점차 기질이 변화되고 자기 안에 잠재된 천리를 회복할 수 있습니다.

즐거운 독서 퀴즈

1 서울에서 소문난 말썽꾸러기였던 민수와 유수는 산골로 보내져 친척 아저씨에게 '천리'를 배우게 됩니다. 다음 내용 중 천리에 해당하지 않는 것은 무엇일까요? (   )

❶ 형제가 서로 사랑하고 공경하는 것
❷ 자연의 이치에 따라 사는 것
❸ 자기의 행복을 위해 남의 희생을 요구하는 것
❹ 생명을 불쌍히 여기는 것
❺ 부부와 자식이 서로 화해하고 잘 사는 것

정답

❸ 자기의 행복을 위해 남의 희생을 요구하는 것

2 친척 아저씨가 민수 형제에게 가르친 내용과 그에 알맞은 용어를 연결해 보세요.

의(義) •　　　　　　• 생명을 사랑하는 마음

태극(太極) •　　　　　• 일의 이치를 따져서 마땅함을 따르는 마음

인(仁) •　　　　　　• 세상 만물에 담겨 있는 천리

정답
인(仁) - 생명을 사랑하는 마음
태극(太極) - 세상 만물에 담겨 있는 천리
의(義) - 일의 이치를 따져서 마땅함을 따르는 마음

3 다음 문장은 아저씨가 민수에게 가르쳐 준 '공부'의 방법입니다. 성리학에서 말하는 공부에 관한 설명으로 맞으면 ○, 틀리면 × 표시를 해 보세요.

> "우선 자기 마음속에 자리하고 있는 착한 성품을 깨달아야 하고, 또 조용히 혼자 있을 때에도 그러한 성품을 잃지 않도록 잘 유지해야 한다. 어떠한 행동을 한 후에는 반드시 되돌아보고 잘못이 없는지 살펴보아야 한다. 이때 중요한 것은 항상 정신이 깨어 있어야 한다는 것이다. 조금이라도 방심하면 안 되지."

❶ 성리학의 '공부'란 지식을 얻기만 하는 게 아니다. (   )
❷ 배운 것을 실천하는 것이 공부다. (   )
❸ 착한 성품을 잃어버리면 다시는 되찾을 수 없다. (   )
❹ 공부란 자기 안의 순수한 성품을 깨닫는 과정이다. (   )

정답 ❹○ ❸× ❷○ ❶○

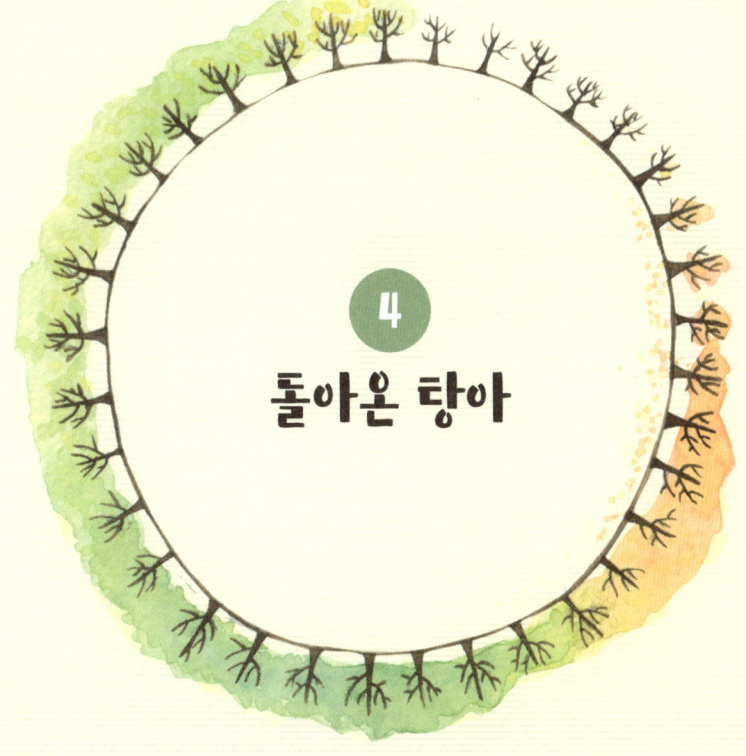

4 돌아온 탕아

드디어 3년 동안의 산골 생활을 마치고 서울로 상경!
그런데 동네 사람들은 우리를 보고 왜 이렇게 놀라지?
마치 '돌아온 탕아'라도 보는 것 같은 표정이군.
3년 동안 배운 대로 실천할 뿐인데 말야.
아저씨에게 주자의 말씀을 배운 덕분일까?
아무래도 그런 것 같아.

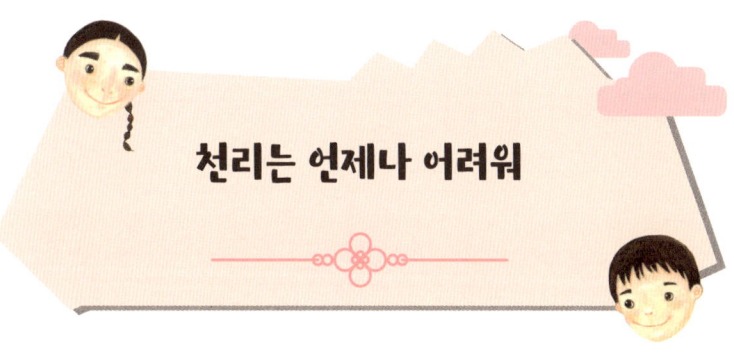

천리는 언제나 어려워

    산꼭대기부터 시작된 단풍의 불길이 차츰 아래로 번지더니, 이제 온 산이 울긋불긋 타오르고 있었다.
    마당에는 콩밭에서 베어 온 콩대가 가득 널려 있다. 도리깨와 막대기로 콩더미를 두드리자 누렇게 마른 콩깍지에서 콩알이 타닥타닥 튀어 올랐다.
    빨간 고추며 누런 호박이며 큼지막한 고구마가 집 안 여기저기 놓인 모습을 보니, 때가 되면 우리에게 풍성한 결실을 안겨 주는 자연의 고마움을 새삼 느끼는 가을이다. 물론 우리가 열심히 노력을 할 때 그러한 결실을 얻을 수 있지만 말이다.

민수 형도 수확기에 마냥 공부만 할 수는 없었는지 가을걷이를 도왔다. 게다가 이곳에는 가스나 연탄보일러 같은 난방 시설이 없기 때문에 겨울이 오기 전에 땔감도 충분히 장만해 둬야 했다. 이렇게 양식을 잘 갈무리해 놓고 땔감을 충분히 마련하는 것으로 산골의 월동 준비는 끝난다.

일을 끝내고 앉아서 쉬는데 민수 형이 말했다.

"곡식을 심고 가꾸고 거두어들이는 일뿐만 아니라 모든 삶의 과정이 자연의 변화에 따르는 일이라고 생각해. 자연 앞에서 인간은 나약한 존재거든."

"형, 하지만 도시에서 살면 자연의 변화에 따르기 어렵지 않을까?"

"아니! 도시에 사는 사람들도 자연의 변화를 거스를 순 없어. 아무리 과학 문명이 발달했다고 해도 추우면 따뜻하게 입어야 하고 더우면 시원한 곳을 찾게 마련이거든. 모든 생명은 자연의 변화에 따르지 않을 수 없는 거지."

"주자학도 자연의 이치에 대해 말한 것 같은데?"

"헛, 너도 좀 아는구나? 주자학은 지금보다 더 자연에 의존했던 시대에 탄생된 학문이니까, 자연의 이치에 따르는 것을 지금보다 더 중시했던 것 같아. 그리고 자연현상이 주로 하늘을 통해서 이루어지니까 사람들은 하늘을 중시할 수밖에 없었겠지. 지금은 지구가 태양을 중심으로 공전하기 때문에 계절이 변화한다는 사실이 널리 알려져 있지만, 옛날 사람들은 그런 과학적인 원리를 몰랐으니까 자연의 변화를 하늘의 이치로 받아들였겠지. 천리에 따라 자연이 변화한다고 믿었던 거야."

"그런데 말야, 나는 사람의 성품이 하늘의 이치와 무슨 상관인지 모르겠어."

"주자학은 하늘의 이치를 인간 세계까지 넓혀서 생각한 거야. 우리가 생명을 지키고 살려면 자연법칙에 따라야 하듯이, 인간답게 살려면 하늘이 우리에게 내려 준 천리에 따라야 한다는 거지."

"아, 어렵다. 천리는 언제나 어려워."

"맞아. 더 어려운 건 천리가 무엇이냐 하는 거야. 물론 주자는 하늘이 인간에게 내려 준 본성, 즉 인의예지 같은 품성이라고 보았어. 그래서 인이란 '마음의 덕이며 사랑의 이치'라 풀이했고, 의란 '사리를 분별해서 각기 마땅한 것이 있는 것'이라 풀이했지. 하지만 무엇이 사랑이고 무엇이 마땅한 것인지 한마디로 말하기란 쉽지 않아. 예를 들어 '모르는 여

자를 껴안는 것은 나쁜 짓이다'라고 말하면 누구나 맞는 말이라고 하지. 하지만 모르는 여자라도 절벽에서 떨어지지 못하게 막으려고 껴안은 경우에는 나쁜 짓이 아니잖아. 세상에는 그처럼 무엇이 옳고 무엇이 그른지 판단하기 어려울 때가 많아. 그래서 천리가 무엇인지 알기 어려운 것이지."

"우리랑 관계된 것 중에는 어떤 게 있지?"

"엄마의 경우가 그렇겠지. 사랑하는 자식들의 미래를 위해 사랑하지도 않는 남편과 함께 사는 것이 마땅한지, 사랑하는 다른 사람을 만나 행복을 찾는 것이 마땅한지 말이야."

"형은 무엇이 천리라고 생각해?"

"모르겠어. 자식을 위해 사랑하지도 않는 사람과 함께 사는 게 천리인지, 아니면 각자의 행복을 위해 이혼하는 것이 천리인지. 그것 때문에 요즘 고민 중이야."

 형은 예전처럼 부모님이 반드시 함께 살아야 한다고 주장하지 않았다. 사람은 누구나 자신의 행복을 추구할 권리가 있다는 것을 알았기 때문이다.
 "아! 무엇이 모두를 위한 것인지 모르겠어."
 내가 말하자 민수 형이 대답했다.
 "그러게 말이야. 하지만 계속 공부하고 생각하면 알 수 있을 거라 생각해. 그래서 말인데, 나는 앞으로 주자의 공부 방법을 열심히 실천해 볼 생각이야. 더 많은 책을 읽고 깨어 있는 마음으로 이치를 따져 보는 거지. 그리고 아저씨가 알려주신 방법대로 이치를 마음속에 간직하고, 그것을 행동으로 옮긴 뒤에 잘못이 없었는지 되돌아보려 해. 내가 어떤 욕심에 못 이겨서 잘못하지 않았나 점검하는 거야."
 "형이 이제 철들었구나. 대견하다!"

"요 녀석이! 형을 놀리는 거냐? 사실 우리 가족 문제 때문에 공부하는 것이기도 해. 이제 부모님에 대해 옳다 그르다 판단하지 않을 생각이야. 열심히 공부하면서 생각해 보면 깨닫게 되겠지."

민수 형은 전보다 마음이 편해진 것처럼 보였다.

이제 우리는 책 읽는 선수가 다 되어 있었다. 형은 이미 고등학생 수준의 책을 읽고 있는 중이다. 그런 형을 따라 나도 책을 읽는 게 재미있어졌다.

아저씨도 민수 형을 격려했다.

"대학이 인생의 전부는 아니지만, 참다운 독서를 한다면 우리 큰아들처럼 너도 원하는 대학에 갈 수 있을 게다."

민수 형은 겸연쩍은 듯 머리를 긁적였다.

3년간의
산골 생활을 끝내다

    드디어 우리 형제가 이 산골에 온 지 3년째에 접어들었다. 서울에서 계속 학교에 다녔더라면 나는 중학교 3학년, 민수 형은 고등학교 2학년이 되었을 것이다.

    작년이나 올해나 산골의 풍경은 변함이 없는 것 같지만 자세히 보면 매년 다른 모습을 선사한다. 마당에 심은 나무와 꽃나무도 부쩍 키가 자라고 가지가 풍성해졌다.

    민수 형을 보면 사람도 성장한다는 걸 알 수 있다. 형은 그동안 여러 종류의 한문 고전과 인문 교양서를 계속 읽는 동시에 고등학교에서 배우는 교과서 공부도 함께 했다. 나도 뒤질세라 초보적인 『명심보감』이나 『사자소학』 그리고

『소학』 같은 책을 읽고 썼다. 형처럼 여러 분야의 책을 읽으면서 중학생 교과서도 공부했다.

오전과 오후에 잠깐 공부하고 산이나 밭에 가서 일하는 시간 외에는 딱히 할 일이 없었기 때문에 우리는 저절로 공부에 빠져들게 된 것이다. 도시에서 지냈다면 아마도 컴퓨터 게임에 정신을 빼앗겨 책과 담을 쌓고 살았겠지만 말이다.

그해 가을 아버지는 어머니와 정식으로 이혼을 했다. 예상은 했지만 막상 그렇게 되고 나니 마음 한구석이 허전했다. 어머니는 우리가 반대하는 결혼은 하지 않겠다며, 다른 분과 재혼하려던 계획을 미루고 있다.

어느 날 민수 형이 내게 말했다.

"아버지와 자식, 어머니와 자식 사이는 결코 남이 될 수 없는 관계이지만 부부 간에는 남이 될 수 있다는 것을 깨달았어. 그러니까 아버지와 어머니가 헤어져도 부모와 자식의 관계는 변함이 없다는 게 내 결론이야."

그렇게 말하는 민수 형의 표정을 보니 왠지 평온해 보였다. 그동안 감정보다는 이성적으로 우리 가족의 문제를 이해하려고 노력한 결과라고 생각했다.

그때 마침 읍내에 갔던 아저씨가 편지를 갖고 돌아오셨

다. 편지는 아버지가 보낸 것이었다.

민수, 유수, 보아라.

그동안 잘 있었느냐? 너희가 서울을 떠난 지도 벌써 3년이 되었다. 아무 탈 없이 산골에서 묵묵히 일하고 공부하고 있는 너희가 참으로 대견스럽구나. 너희를 산골에 보낸 일이 잘한 일인 것 같다.

이제는 공부도 웬만한 도시 아이들보다 잘할 거라고 아버지는 확신한다. 올가을에는 서울에 올라오는 게 어떻겠니? 너희 의견이 궁금하구나.

그리고 한 가지, 너희들에게 동의를 구할 것이 있다. 너희 엄마와 정식으로 이혼한 것은 이미 알고 있을 거다. 그런데 나도 언제까지나 혼자 살 수는 없지 않겠니? 그래서 올가을에 재혼을 하려고 한다. 상대 분은 유수가 잘 아는 기수 어머니다. 내가 기수 어머니를 알게 된 것은 유수 녀석의 편지를 기수에게 전달하면서였다. 유수에게 친어머니처럼 잘 대해 주었더구나.

아버지는 그분과 너희가 다정히 지낼 수 있을 거라고 생각한단다. 유수는 반대하지 않을 거라고 믿지만, 민수가 아버지의 재혼을 반대한다면 없던 일로 하겠다. 하지만 너희 어머니나 아버지에게 각자 사랑하는 사람이 생겼다는 점을 생각해 주었으면 한다. 그리고 아버지 재혼과 상관없이 너희는 언제든 어머니와 만날 수 있다는 말을 해주고 싶다. 답장을 기다리마.

민수 형은 고개를 끄덕이더니 편지를 나에게 건네주었다. 나는 끝까지 읽기도 전에 흥분해서 말했다.
"형, 아빠가 기수네 어머니랑 결혼하신대! 형은 어떻게 생각해?"
"글쎄, 너는?"
"난 찬성이야."
"이제 부모님의 재결합을 원한다는 것은 강요라는 걸 깨달았어. 게다가 아빠에게도 결혼 상대가 생겼다니 엄마의 행복을 빌어 주어야겠지."
"형, 그 아주머니는 나를 친아들처럼 대해 주신 분이야. 참 다행이야."
아버지가 낯선 분과 재혼하면 같이 생활하기 어색하겠지만 마침 내가 좋아하는 기수 어머니가 새어머니가 된다니 왠지 안심이 되었다.
"부부가 더 이상 같이 살 수 없는 상황이라면 아무리 자식이 있다고 해도 헤어지는 게 천리일지도 모르지. 우리도 두 분의 행복을 응원해 드리는 게 자식의 도리인 것 같다."

　그날 밤 민수 형은 펜을 들었다. 그러고는 다음 날 아침 일찍 읍내에 가서 편지 두 통을 부쳤다. 형은 부모님께 보내는 편지에 가을이 되면 서울로 올라가서 아버지와 어머니의 결혼식에 참석하겠다고 약속했다.

　어느덧 가을이 되었다. 우리 형제는 벌써 세 번째 수확의 즐거움을 맛보았다. 우리에게는 마지막 농사여서 그런지 더욱 각별한 느낌이었다.

　우리가 서울로 떠나기 전날, 아저씨와 아주머니는 이른 아침부터 바쁘셨다. 새로 수확한 곡식으로 방아도 찧고 햇볕에 말려 놓은 고추도 빻고 깨도 털어 냈다. 그 곡식들을 각각 자루에 담고 단단히 묶어 박스에 포장해 두셨다. 그것들을 우리가 들고 가기엔 너무 무거워서 나중에 택배로 부쳐 주시기로 하고, 가벼운 짐들만 우리 배낭에 넣어 주셨다.

　저녁을 먹고 잠자리에 누웠지만 도무지 잠이 오지 않았다. 그동안 이 산골에서 경험한 일들이 머릿속에 그려졌다. 오늘 밤에는 가을 풀벌레 소리가 유난히 더 크게 들렸다.

　이른 아침 푸시시, 삐~ 하는 소리에 잠에서 깼다. 마루에

나가 보니 떡시루에서 하얀 김이 모락모락 피어오르고 있었다. 우리에게 따뜻한 떡을 싸 주려고 새벽부터 아주머니가 떡을 찌신 것이다. 아침밥을 먹고 나서 우리는 나머지 짐을 배낭에 챙겨 넣었다.

말없이 지켜보고 있던 아저씨와 태극이가 작별인사를 건넸다.

"그동안 이 아저씨한테 혼나면서 배우느라 고생했다. 언제든 오고 싶으면 놀러 오거라."

"민수 형, 유수야, 그동안 즐거웠어. 이렇게 헤어진다니 섭섭하고 허전한걸. 하지만 사람은 누구나 만났다가 헤어지는 법이고, 헤어지면 언젠가 다시 만나게 된다고 했어. 조만

간 다시 만날 날을 기다릴게."

부엌에서 달려 나온 아주머니가 소리쳤다.

"내 정신 보래이, 떡을 안 챙겨 주었네. 올라가면서 먹으래이. 서울서 몸 상하지 말고 공부 열심히 하그라!"

안개 자욱한 아침, 우리는 찬 공기를 마시며 산에서 내려왔다. 아주머니가 배낭 안에 넣어 준 떡이 등을 따뜻하게 해 주었다. 아저씨 아주머니의 따뜻한 정이 나를 어루만져 주는 것 같았다.

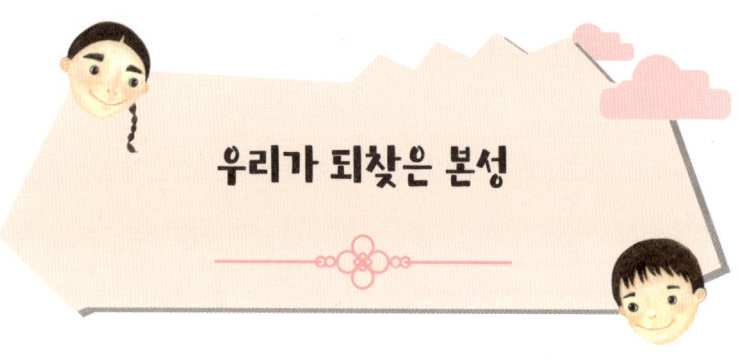

우리가 되찾은 본성

 "내 인생에 요즘만큼 살맛나는 때가 있었던가 싶다. 말썽꾸러기 두 아들이 이렇게 의젓한 청소년으로 컸으니 말이야. 공부해라 나쁜 짓 하지 마라 잔소리할 일도 없지, 스스로 제 할 일 알아서 잘하지, 무엇보다 부모 걱정 안 끼치고 형제끼리 의좋게 지내지……."

 출근하시는 아버지께 형과 내가 '잘 다녀오시라'고 공손히 인사드리자, 아버지는 환하게 웃으면서 말하셨다.

 이런 아버지의 말을 아저씨가 들었다면 무어라 말씀하실까 궁금했다. 아마 우리가 그동안 귀에 못이 박이도록 들었던 주자의 말씀을 꺼내지 않았을까? 원래 인간의 본성은 착하기 때문에 나쁜 사람이라도 잘 가르치면 바르게 될 수 있다!

아저씨의 가르침대로 우리 형제는 본성을 되찾았다고 생각한다. 비록 시골에서 지내는 동안 깨달은 것은 일부에 지나지 않겠지만, 공부를 계속 한다면 더 깊고 넓은 본성을 되찾을 수 있을 거라고 확신한다.

물론 우리의 공부는 교과서 공부가 전부가 아니다. 인간의 바른 도리, 곧 천리를 실천하는 것이 가장 큰 공부이니까 말이다. 그래서 배움을 게을리 하지 않고, 부모님 말씀 잘 듣고, 형제끼리 사이좋게 지내면서 이웃과 친하게 지내려고 노력하는 중이다.

아버지는 시내의 작은 음식점에서 친척들을 모시고 조용히 결혼식을 올렸다. 뒤이어 어머니도 결혼하셨다.

형과 나는 어머니와 같이 살지 않고 아버지와 같이 살기로 했다. 그러나 어머니와 완전히 헤어진 것은 아니고, 가끔씩 어머니 집에 놀러 가기도 한다. 어머니는 우리가 공부하는 데 어려움이 없도록 세심하게 신경 써 주셨고, 앞으로도 민수 형과 내가 대학생이 되면 학비 걱정 없이 공부할 수 있게 해 주겠다고 약속하셨다.

기수도 한 가족이 되어 우리는 이제 삼 형제가 되었다. 가장 기분 사람은 물론 나였다. 내가 좋아하던 아줌마가 엄마가 되었고, 가장 친한 친구 기수가 형제가 되었으니까.

새어머니는 지금까지 해 온 포장마차 장사를 계속하겠다고 하셨다. 두 식구가 합쳐졌는데 아버지의 택시 운전 수입으로는 생활비를 감당하기 힘들기 때문이었다. 그러자 민수 형은 자기가 대신 포장마차 장사를 하겠다고 나섰다. 새어머니는 펄쩍 뛰며 반대했지만 형의 고집을 꺾을 수는 없었다.

결국 새어머니와 민수 형은 같이 장사를 하기로 했다. 그 대신 새어머니는 우리에게 조건을 내걸었다. 내년 봄에 민수 형은 대입 검정고시에, 나는 고입 검정고시에 응시해야 한다는 조건이었다. 민수 형은 형편이 어려우니 대학에 진학 가지 않겠다고 했지만 아버지와 두 어머니의 강력한 요구에 떠밀려 검정고시에 응시하기로 했다.

3년 동안 산골에서 지내면서 일하고 공부하는 습관이 몸에 밴 탓인지 도시에서 공부하는 건 거의 누워서 떡 먹기였다. 형은 포장마차 일을 돕는 틈틈이 책을 읽었고, 나는 기수와 함께 집에서 열심히 공부했다. 예전에 기수와 나는 동네 피시방이나 오락실에 다니거나 동네 아이들과 어울려 공놀이를 하는 게 고작이었는데, 이제는 공부가 놀이가 되었다.

형제이자 공부 친구가 된 우리는 서로에게 큰 힘이 되었다.

　나는 교과 공부도 열심히 했지만 산골에서 하던 한문 학습도 게을리 하지 않았다. 항상 새벽에 일어나 한 시간 동안 한문을 소리 내어 읽고 잠자기 전에 또 한 시간 읽었다. 이제는 기수도 함께 읽기 시작해서, 아침저녁으로 집에서는 글 읽는 소리가 쩌렁쩌렁하다. 옛말에 '잘되는 집안에는 책 읽는 소리가 끊이지 않는다'고 했는데, 바로 우리 집을 두고 한 말인가 보다.

　이듬해 봄, 형과 나는 대입 검정고시와 고입 검정고시에 당당히 합격했다. 아버지는 물론 새어머니와 친어머니도 기뻐하셨다. 그다음 해에 민수 형은 일류 대학에 들어갔고, 나는 고등학교에 진학했다.

　한때 불량배와 어울려 다니며 나쁜 짓을 하던 민수 형이 딴사람이 되어 일류 대학에 들어갔다는 소문이 동네에 쫙 퍼졌다. 동네 사람들은 아버지나 민수 형을 만날 때마다 축하해 주면서 비결이 뭐냐고 묻곤 했다. 아버지는 지리산에 있는 친척집에서 3년간 공부한 덕이라고 자랑스럽게 말했다.

　그러나 민수 형은 겸손하게 말했다.

　"단지 제 안의 본성을 찾고 천리를 따르다 보니 그렇게 된 것일 뿐이죠. 아직 부족한 것이 많습니다."

그러면 아주머니들은 더욱 감탄했다.

"어쩜, 말하는 것도 겸손하고 의젓하네! 실력 있는 사람은 뭐가 달라도 달라."

성미 급한 분은 자기 아들도 산골에 보내고 싶다면서 우리가 살았던 마을 이름을 알려 달라고 졸라 댔다.

발 없는 말이 천리를 간다더니, 우리 이야기를 어떻게 알았는지 어느 방송사에서 인터뷰 요청이 들어왔다. 또 다른 방송사에서는 우리 가족이 출연하는 아침 방송에 초대했다.

우리는 방송 프로그램에 나갈지 말지를 놓고 가족회의를 했다. 아버지와 나와 기수는 나가자는 쪽이었고, 새어머니와 민수 형은 나가지 말자는 쪽이었다.

민수 형은 사람으로서 마땅한 행동을 했을 뿐인데 대단한 성공이라도 한 것처럼 과시하는 것은 부끄러운 일이라고 했다. 자기는 한때 남에게 손가락질을 받았으며 3년 동안 뉘우치고 이제 겨우 사람 구실을 하게 되었을 뿐이라고 했다. 그리고 일류 대학에 입학했다고 해서 여러 사람들 앞에 자랑하듯 나서는 것은 못난 소인(小人)들이나 하는 행동이라고 말하는 바람에 다들 꿀 먹은 벙어리가 되고 말았다. 결국 우리는 민수 형의 의견에 따르기로 했다.

그 대신 케이블 방송사의 여성 프로그램에서 민수 형에게 제안한 출연 요청은 받아들이기로 했다. 여성의 인권에 대한 토론을 나누는 프로그램으로, 유교 사상이 여성을 억압한다는 쪽과 그렇지 않다는 쪽으로 나누어 토론하는 내용이라고 했다. 주제는 '유학, 성리학이 지금도 필요한가'였다. 이에 찬성하는 학자들과 반대하는 학자들이 참석했고, 민수 형은 찬성하는 쪽 증인으로 출연했다.

먼저 찬성하는 쪽의 질문이 있었다.

"학생은 인간의 본성이 선하다고 생각하십니까? 즉, 악한 사람도 선하게 될 수 있냐고 묻는 것입니다."

"예, 저의 경우를 본다면 확실히 그렇게 말할 수 있습니다. 인간의 본성이 착하지 않다면 왜 제가 사람답게 살려고 노력을 했겠습니까?"

계속해서 질문이 이어졌다.

"성리학의 어떤 점이 사람을 선하게 변화시킨다고 봅니까?"

"배움입니다. 인간의 성품은 모두 착하지만 깨달음에는 선후가 있으므로 나중에 깨달은 자가 먼저 깨달은 자의 말

과 행동을 본받아 선을 밝히고 본성을 회복하는 것입니다."

"그러니까 스승이 필요하다, 이 말인가요?"

"네, 그렇습니다. 저도 훌륭한 스승님의 가르침 덕분에 이 자리에 서게 되었습니다."

"성리학 공부에만 스승이 있는 것은 아니잖습니까?"

"물론 그렇습니다. 다른 학문도 스승의 훌륭한 가르침이 있다면 선한 본성을 회복할 수 있을 겁니다. 그러나 무엇보다 주자 성리학은 우주와 나의 본성이 하나라고 주장합니다. 그리고 인간의 고귀함과 착함을 믿고 노력하면 본성을 회복할 수 있다고 봅니다. 여기에는 스승의 역할이 큽니다. 스승을 통해서 깨달아야 할 인간의 본성은 곧 천리입니다."

이번에는 반대쪽 질문이 이어졌다.

"학생이 말하는 천리가 뭡니까?"

"사람은 배고프면 먹어야 하고 추우면 따뜻하게 해야 하듯이 부모를 만나면 효도해야 하고 형제를 만나면 우애 있게 지내야 합니다. 그런 것들이 천리라고 배웠습니다."

민수 형이 또박또박 대답하자 또 다른 질문이 이어졌다.

"그렇다면 예전처럼 남편이 죽으면 아내가 재혼하지 않고 혼자 사는 것도 천리를 따르는 일이라 생각하십니까?"

"이전에는 그것을 천리라고 생각한 사람들이 있었습니다. 사회적으로 영향력 있는 사람들의 주장을 법으로 정해, 그것이 천리이니 지켜야 한다고 했겠지요. 그중의 하나가 여성의 정절입니다. 여성은 평생 한 남자를 섬겨야 한다는 덕목 때문에 재혼을 허락하지 않은 것이죠. 그러나 오늘날 죽은 남편에 대한 도리를 지키기 위해 여성이 평생 홀로 사는 것은 천리라 할 수 없습니다."

"그렇다면 그런 덕목은 잘못된 것 아닙니까?"

"그렇게 생각할 수도 있겠지만, 제 생각에는 시대의 변화를 고려해야 한다고 봅니다. 유교의 이념으로 다스려지던 조선시대에는 그런 덕목이 자연스럽게 받아들여졌을 겁니다. 하지만 유학의 가르침 중에는 시중지도(時中之道)라는 것이 있습니다. 이 말은 '때에 맞는 도리'라는 뜻으로, 어떠한 원칙을 고집하지 않고 그 상황에 따라 융통성 있게 처리하라는 것입니다. 따라서 오늘날 여성이 재혼을 하는 것은 결코 유교의 가르침에 어긋나는 것이 아닙니다."

"그러니까 학생은 과거의 유교는 남녀차별을 인정했지만 오늘날에는 그렇지 않다, 이 말인가요?"

"그렇습니다. 기독교가 처음 발생할 당시에도 노예 제도가 있었습니다. 마찬가지로 유학이 생긴 지 2000년이 넘었고 주자학이 생긴 지도 800년이 넘었습니다. 긴 세월이 흐른 만큼 오늘날에 맞지 않는 관념도 있겠지만, 그렇다고 해서 주자학이 가치가 없다고 말할 수는 없겠지요."

"하지만 아직도 일부 유교 단체에서는 여성의 권리에 대해 소극적인데, 그 점은 어떻게 생각합니까? 가령 조상의 유산을 딸에게는 물려주지 않는 것 등에 대해서 말입니다."

민수 형은 침착하게 대답했다.

"그것은 일부의 문제입니다. 조선시대에도 딸에게 유산을 물려준 사람들이 많이 있었습니다. 여성의 권리에 대해 소극적인 행동은 유교의 가르침이 아니라 개인의 문제라고 생각합니다. 결국 앞으로 유교의 가르침이 우리 사회에 어떤 역할을 하게 될지는 연구하는 사람들의 몫이 아닐까요?"

이날 저녁 신문에 작은 기사가 하나 실렸다. 모 케이블 방송 토론회에서 대학교 1학년 학생이 전문가를 쩔쩔매게 했다는 기사였다. 하지만 민수 형은 사람들의 관심에 아랑곳하지 않고 열심히 부모님을 도우며 공부했다. 학문이란 남에게 자랑하기 위해 하는 것이 아니라 오직 자신의 덕을 쌓기 위한 것이라는 신념이 철저했기 때문이다. 나도 기수도 형의 도움을 받아 열심히 공부하며 집안일을 도왔다.

우리 주민수, 주유수, 노기수 삼 형제는 실험실에서 알코올램프를 올려놓는 튼튼한 삼발이처럼 굳게 설 수 있었다. 우리는 부모님께 효도하고 형제들과 잘 지냈으며, 언젠가는 사회와 국가와 이 세상에 큰 등불이 될 것이라고 굳게 믿었다.

네 생각은 어때?

모든 학문은 시대에 따라 변합니다. 유학도 현대 사회에서는 그대로 적용할 수 없는 내용들이 있습니다. 오늘날 우리 시대에 맞게 변해야 할 유교 덕목으로 어떤 것이 있는지 생각해 보세요.

▶풀이는 181쪽에

> 철학자의 생각

시대에 따라 재해석되는 주자의 사상

순천리(順天理), 하늘의 이치를 따르다

『명심보감』에 '하늘을 따르는 사람은 흥하고, 하늘을 거스르는 자는 망한다'는 구절이 있습니다. 이때의 '하늘'이란 천리를 뜻합니다. 즉 자연의 이치에 거스르는 자는 낭패를 보게 된다는 뜻이지요.

그런데 무엇을 천리로 보느냐에 따라 그 의미는 완전히 달라집니다. 종교적 시선으로 보자면 세상 만물을 주관하는 조물주의 뜻이 되겠지요. 성리학의 관점에서 천리란 인간이 삶에서 지켜야 할 도덕적 가치입니다. 과학에서 다루는 자연 법칙과는 일정한 거리가 있습니다.

아무튼 오늘날에는 이러한 과거의 도덕적 가치를 맹목적으로 따르지 않습니다. 오히려 먹고 싶을 때 먹고 자고 싶을 때 잘 수 있는 개인의 자유를 더 중시하며, 그것이 천리에 가까운 것이라 생각합니다. 사람의 관계에 대해서도 마찬가지입니다. 더 이상 사랑하지 않는 부부가 억지로 참고 사는 것보다는 이혼하고 다른 사랑하는 사람과 결혼하는 것이 자연스럽다고 생각합니다.

그리고 보면 하늘의 뜻, 곧 천리는 세계관의 변화와 자연과학의 발달과 함께 이전 사람들과 다르게 해석되어 왔습니다. 마찬가지로 주자의 성리학은 주자가 살던 시대의 사회가 요구하는 도덕을 반영한 것이므로, 지금은 지금에 맞는 개념으로 재해석되어야 마땅합니다. 학문이란 계속 발전하는 것이니까요.

공부는 어떻게 해야 할까?

성리학의 대표적인 공부 방법으로 궁리진성(窮理盡性)이라는 말이 있습니다. '이치를 연구하여 자신의 타고난 본성을 다 발휘한다'라는 뜻입니다.

사람이 지혜롭지 못하면 자기 안에 잠재되어 있는 이치를 깨달을 수 없습니다. 여기서 말하는 '이치'란 과학적 지식이 아니라 남과 사물에 관여하는 나의 도덕적 가치로서 내면에서 우러나오는 착한 소리이자 본성입니다. 이것을 깨닫기 위해선 다른 사물들에 담긴 이치를 밝히는 방식으로 배우는 수밖에 없습니다. 사물의 천리와 내 마음의 천리는 결국 하나이기 때문입니다.

공부 방법뿐만 아니라 공부하는 자세도 중요합니다. 가장 중요한 것은 '마음을 경건하게 하여 만물의 이치를 터득하는 것'입니다. 이것을 거경궁리(居敬窮理)라고 합니다. 마음을 경건하게 한다는 것은 방심하지 않고 정신을 집중하여 생각하는 태도를 뜻합니다. 다시 말하면 항상 깨어 있는 마음으로 공부한다는 것입니다.

성리학은 단순히 이치를 알아내는 것보다는 이치를 깨닫기 위해 공부하는 마음 자세와 과정을 더 중요하게 생각했습니다. 왜냐하면 사물의 이치란 어느 한순간에 깨닫는 것이 아니라 꾸준히 공부하여 조금씩 터득하는 것이기 때문입니다. 이러한 과정을 반복하다 보면 어느덧 자신의 본성을 알아차리게 될 뿐만 아니라 높은 인격과 덕망을 갖춘 사람이 될 수 있습니다. 성리학에서는 그런 사람을 성인(聖人)이라고 부릅니다.

즐거운 독서 퀴즈

1 산골에 내려와 지내는 동안 민수의 가장 큰 고민거리는 부모님의 이혼이었습니다. 부부의 이혼은 자신이 공부한 천리에 어긋난다고 배웠기 때문이죠. 민수가 다음과 같이 결론을 내리기까지 마음이 성장하는 과정을 순서대로 연결해 보세요.
(   )

> "아버지와 자식, 어머니와 자식 사이는 결코 남이 될 수 없는 관계이지만 부부 간에는 남이 될 수 있다는 것을 깨달았어. 그러니까 아버지와 어머니가 헤어져도 부모와 자식 간의 관계는 변함이 없다는 게 내 결론이야."

❶ 민수는 어머니가 가족의 행복을 저버리고 자신만의 행복을 찾으려 한다고 생각했다.
❷ 민수는 자신도 어른이 되면 부모님의 마음을 이해할 수 있을 거라고 생각했다.
❸ 민수는 부부는 하늘이 맺어 준 인연이므로 오순도순 화목하게 사는 것이 천리라고 배웠다.
❹ 민수는 누구나 자기의 행복을 추구할 권리와 자유가 있다는 사실을 깨달았다.

정답

❸-❶-❹-❷

2 다음은 방송 프로그램에 출연한 민수가 답변한 내용입니다. 내용에 맞는 용어를 고르세요.

> 시중지도   천리   배움

❶ 사람은 배고프면 먹어야 하고 추우면 따뜻하게 해야 하며 부모를 만나면 효도해야 하고 형제를 만나면 우애 있게 지내야 합니다.
(   )

❷ 이 말은 '때에 맞는 도리'라는 뜻으로, 어떠한 원칙을 고집하지 않고 그 상황에 따라 융통성 있게 처리하라는 것입니다.
(   )

❸ 인간의 성품은 모두 착하지만 깨달음에는 선후가 있으므로 나중에 깨달은 자가 먼저 깨달은 자의 말과 행동을 본받아 선을 밝히고 본성을 회복하는 것입니다.
(   )

정답
❶ 천리
❷ 시중지도
❸ 배움

에필로그

내게는 주자와 같은 스승이 계시다

　세월이 흘러 마흔 중반이 된 민수 형은 이제 어엿한 선생님이 되어 고등학교에서 역사를 가르치고 있다. 친척 아저씨의 도움을 받아 비뚤어진 청소년기를 극복한 경험을 소중히 여겨 대학을 졸업한 후 스승의 길을 택한 것이다.

　물론 요즘 학생들은 예전처럼 스승을 존경하지 않지만, 민수 형은 존경받기 위해 교직을 택한 것이 아니기 때문에 나름대로 원칙을 갖고 학생들을 가르치고 있다. 형의 원칙이란 학생들에게 지식을 전하기에 앞서 사람다운 사람이 되도록 가르친다는 것이다.

　민수 형은 초등학교와 중학교에 다니는 두 아이를 낳아

키우고 있는데, 자녀 교육에도 그러한 원칙을 지키고 있다. 우선 아이들에게 과외나 학원 공부를 시키지 않는다. 그 대신 형과 내가 산골에서 지낼 때처럼 집안일을 돕고 책을 읽게 한다.

초등학생인 아이에게는 지식 위주의 공부보다 생활 교육에 치중한다. 웃어른에게 예의바른 태도를 가르치거나 자기 일을 스스로 하는 힘을 길러 주는 등 기본 도리를 가르치고 있다. 남을 배려하는 마음과 인내심이 몸에 배도록 하기 위한 교육이다.

중학생 아이에게는 스스로 문제를 해결할 수 있는 능력을 길러 주고, 독서와 토론을 자주 하도록 가르치고 있다. 또한 아이가 성적에 연연하거나 시험 스트레스에 시달리지 않는 마음을 길러 주고 있다.

나는 사회복지사가 되어 복지관에서 장애인이나 노인들을 보살피는 일을 하고 있다. 이 일을 하면서 큰 보람을 느끼는 것을 보면, 내 안의 착한 본성에 잘 맞는 것 같아 흐뭇하다.

나 또한 결혼해서 두 아이를 낳아 키우고 있는데 큰아이는 초등학교에, 작은아이는 유치원에 다니고 있다. 나 역시 아이들의 교육에 신경을 쓰지만, 나의 관심사는 각자의 본성을 해치지 않고 자연스럽게 성장하도록 하는 데 있다. 아이들이 타고난 선한 본성을 잃지 않고 잘 가꿔 나가기를 바라는 뜻이다.

오늘 아침, 형과 나는 차를 몰고 남쪽 지방으로 향했다. 지금의 우리를 있게 해 준 친척 아저씨를 찾아뵈러 가는 길이다. 우리가 가장 존경하는 스승님이시다.

아들이 서울에서 좋은 직장에 다니고 있었지만 스승님은 산골 마을이 좋다며 여전히 그곳에 살고 계신다. 80세 연세에도 여전히 공부하고 일하는 생활을 놓지 않고 계신다. 요즘은 가끔 대학생이나 대학원생들이 찾아와 배움을 청하곤 한다는데, 스승님은 배우러 온 사람은 흔쾌히 맞아 주신다.

우리는 봄이 되면 스승님을 찾아가 뵙곤 했는데, 이제는 우리의 연례행사가 되었다. 지금은 산골 마을 옆으로 큰 도로가 뚫려서 예전만큼 시간이 오래 걸리지 않는다.

스승님은 오늘도 우리 형제를 반갑게 맞아주셨다. 인사말 대신 유교 경전의 문구를 물으셨다. 나와 형이 우물쭈물하니까 장난스럽게 호통을 치신다. 한 번 스승은 영원한 스승이다. 사회생활을 하면서 우리 형제의 몸가짐이나 생활

태도가 흐트러지지 않았는지 늘 살펴 주시고 충고해 주신다. 남들은 민수 형과 나에게 그런 훌륭한 스승이 계신 것을 무척 부러워한다. 그런 스승님을 한 분이라도 모시고 있다는 것은 인생 최대의 행운일 것이다.

네 생각은 어때? 문제 풀이

78p

　인(仁)이란 사랑하는 마음의 덕성입니다. 생명을 불쌍하게 여기는 마음도 그 가운데 하나입니다. 민수는 꿩 알을 모두 가져가려는 동생들에게 어미 꿩의 입장을 헤아려 보라고 말했습니다. 생명을 불쌍히 여기는 마음으로 행동하는 것이 곧 생명을 사랑하는 것입니다. 또한 그것은 천리를 따르는 일입니다. 이처럼 생명을 불쌍히 여기고 그런 마음을 잃지 않으려 공부하고 수양하는 것이 바로 마음을 가꾸는 일입니다.

96p

　주자는 살아 있는 모든 존재를 사랑하는 것도 천리라고 하였습니다. 그러나 자기 자식이나 부모를 버려두고 남의 자식이나 부모를 먼저 사랑해선 안 된다고 했습니다. 이것이 바로 천리를 실천하는 데도 순서가 있다는 의미입니다. 남의 형제를 걱정하기 전에 나의 형제를 먼저 걱정해야 하고, 남의 부모를 섬기기 전에 나의 부모님께 효도해야 한다는 것이죠. 즉 모든 사람을 사랑하고 공경하기 위해서는 자기에게 가장 가까운 대상에게 먼저 최선을 다해야 한다는 이야기입니다. 자기와 가까운 몇몇 사람도 사랑하지 못하면서 멀리 떨어진 많은 사람을 사랑할 수는 없기 때문입니다. 여러분도 부모님과 형제에게 먼저 사랑을 베푸세요. 그것이 곧 천리의 시작입니다.

117p

'태극(太極)'이란 천리와 같은 말입니다. 주자는 만물에 태극이라는 천리가 들어 있다고 했습니다. 사람의 마음에도, 자연 속에도 태극이 있기 때문에 만물은 하나가 될 수 있는 것입니다. 또한 이 세상이 생겨나기 전에 먼저 태극이 있었다고 합니다. 유수의 말처럼 태극은 냄새도 없고 소리도 없고 보이지도 않습니다. 그러나 사랑이나 미움을 비롯한 모든 감정은 눈에 보이지 않지만 존재함을 알 수 있듯이 태극 또한 분명히 존재한다고 여겼습니다.

125p

주자의 가르침에 따르면, 기질이 맑고 깨끗한 사람은 타고난 순수한 성품을 발휘할 수 있어도 기질이 혼탁한 사람은 그럴 수 없습니다. 이렇듯 기질에 가려져서 타고난 순수한 성품이 제대로 발휘되지 못하는 것을 '기질의 성품'이라 합니다.

또한 사람은 육체를 지니고 있기 때문에 기질의 영향에서 벗어나기가 쉽지 않으며, 육체의 여러 가지 욕구로 인해 욕심이 생겨나는 것입니다. 하지만 욕구 그 자체는 나쁜 것이 아닙니다. 배가 고프면 음식을 먹고 추우면 옷을 입어야 하듯이 정당한 욕구는 당연한 현상입니다. 그러나 욕구가 지나쳐 욕심이 되면 순수한 성품이 발휘되지 못하고 잘못된 행동을 낳는 것입니다.

욕심을 다스리기 위해서는 마음속에 순수한 성품이 있음을 깨닫고 가려지지 못하도록 꾸준히 노력해야 합니다. 또한 어떠한 행동을 하고 나서는 잘못이 있었는지 되돌아 봐야 합니다. 이때 중요한 것은 항상 마음이 깨어 있어야 하며 조금이라도 방심하면 안 된다는 것입니다.

168p

조선시대에는 남편이 일찍 죽으면 아내는 재혼하지 않고 혼자 사는 것이 천리를 따르는 일이라 생각했습니다. 즉 여성은 정절을 지켜야 한다는 인식 때문에 재혼을 허락하지 않은 것입니다.

하지만 오늘날은 남녀 관계를 자연적인 것으로 생각해서 이혼이나 재혼을 잘못된 것으로 생각하지 않습니다. 그렇다고 해서 옛 유학의 덕목이 잘못된 것이라고 할 순 없습니다. 유학 사상 중에는 시중지도(時中之道)라는 가르침이 있는데, 이는 상황에 맞게 적절히 처리해야 한다는 내용입니다. 시중지도를 살려 실천한다면 오늘날에 맞는 천리를 찾을 수 있을 것입니다.

주자가 들려주는 성리학 이야기
올바름을 찾아가는 슬기로운 생활

ⓒ 이종란, 2006

초 판 1쇄 발행일 2006년 7월 21일
개정판 1쇄 발행일 2021년 5월 17일

지은이   이종란
그림   권송이
펴낸이   정은영
편집   최성휘
마케팅   최금순 오세미 박지혜 김하은
제작   홍동근

펴낸곳   (주)자음과모음
출판등록   2001년 11월 28일 제2001-000259호
주소   04047 서울시 마포구 양화로6길 49
전화   편집부 (02)324-2347 경영지원부 (02)325-6047
팩스   편집부 (02)324-2348 경영지원부 (02)2648-1311
e-mail   jamoteen@jamobook.com

ISBN 978-89-544-4707-2 (73810)

잘못된 책은 구입처에서 교환해드립니다.
저자와의 협의하에 인지는 붙이지 않습니다.

이 책은 『주희가 들려주는 성리학 이야기』(2006)의 개정증보판입니다.